Barbara Stöckl

Was wirklich zählt

Barbara Stöckl

Was wirklich zählt

wirklich zählt

Ermutigungen
für jeden Tag

Amalthea
Verlag

Für meinen Mann

1. Auflage Februar 2017
2. Auflage März 2017

Besuchen Sie uns im Internet unter: amalthea.at

Umschlaggestaltung: Elisabeth Pirker/OFFBEAT
Umschlagfoto: © Marianne Weiss (Bild im Hintergrund: Sepp Laubner)
Herstellung und Satz: VerlagsService Dietmar Schmitz GmbH,
Heimstetten
Gesetzt aus der Minion Pro 10,75/14,3 pt.
Printed in the EU
ISBN 978-3-99050-077-4

Inhalt

Einleitung

Ich lese immer wieder Ihre Texte, weil ich dann das Gefühl habe, dass diese Welt auch gut ist! Das brauche ich, neben all den vielen negativen Berichten!«, schreibt mir meine Leserin Hildegard B. Die große Sehnsucht nach guten Nachrichten spüre ich in vielen Briefen und E-Mails, die ich bekomme. Verfolgt man die täglichen Nachrichten, hat man schnell das Gefühl, dass der Schrecken auf der Welt kein Ende mehr nimmt. Flüchtlings- und Klimakatastrophen, Terror und Krieg, Banken- und Wirtschaftskrisen. Angst und Ohnmacht, Ignoranz und Missgunst scheinen an der Tagesordnung. Mord und Totschlag, Tragödien und Skandale fürs tägliche Adrenalin. Ist das wirklich unsere Welt? Oder übersehen wir einfach, wo es anders läuft?

Den Blick darauf zu richten, was gut ist und guttut, ist weit weniger spannend und spektakulär, scheint manchmal richtiggehend langweilig. Krieg, Tod und Leiden können uns aber auch daran erinnern, wie kostbar Frieden, Menschlichkeit und Liebe sind. Wir erleben tagtäglich in unserer nächsten Umgebung, wie wichtig unsere Nächsten sind: der Partner nachlässig, die Kinder ungezogen, die Freundin abweisend und der Chef vorwurfsvoll, das kann uns ganz schön den Tag verderben! Unsere nächste Umgebung hat meist mehr und direkteren Anteil an unserem Wohlbefinden als die Weltlage. Deswegen müssen wir lernen, mit Familie, Freunden und Kollegen sorgsam umzugehen. Auf ihre positiven Signale zu achten. Wann haben Sie das letzte Mal ein Lob genossen, Aufmerksamkeit liebevoll beantwortet, sich durch freundliche Worte die Seele streicheln lassen, eine hilfreiche Hand dankbar gehalten?

Wenn man selbst Trost, Rat und Hilfe will, muss man

offen dafür sein: Vermittlungsgespräche, die geglückt sind. Menschen, die unermüdlich für Schwächere und Ärmere da sind. Nächstenliebe und Solidarität, so große Worte! Alte Menschen werden gepflegt. Traurige werden getröstet. Flüchtlinge werden gerettet. Krankheiten werden geheilt. Brücken werden gebaut. Kleine Gesten und große Taten. Das geschieht jeden Tag, tausende Male, auf der ganzen Welt. Und es tut gut, das nicht zu übersehen!

Sensibilität für das, was wirklich zählt, kann man lernen. »Wenn du Mitgefühl willst, musst du Mitgefühl haben, wenn du Liebe suchst, musst du lieben können, und wenn du Trost brauchst, dann musst du auch trösten können«, sagte einmal der Philosoph Richard David Precht.

Seit vielen Jahren schreiben mir Menschen von diesen kleinen Momenten, die im Leben des Einzelnen so große Bedeutung haben. Die starke Kraft solcher Momente ist größer und weitreichender, als wir auf den ersten Blick erkennen. Das ist auch keine einfache Aufgabe, ich behaupte sogar, es ist emotional wie intellektuell sehr anspruchsvoll. Nur wer denken kann, kann auch danken – da ist etwas Wahres dran. Zunächst gilt es, sich bewusst zu machen, was Gutes in unserem Leben ist, um in einem nächsten Schritt anzuerkennen, welche Bedeutung es für unser Leben hat. »Und das soll helfen?«, werden manche fragen. Ist der Weg zu einem glücklichen, erfüllten Leben denn so einfach?

»Wer ein einziges Leben rettet, rettet die ganze Welt«, steht im Talmud. Gemäß dieser Weisheit gilt es, die individuelle, persönliche Welt eines jeden Menschen wertzuschätzen und ihre Großartigkeit anzuerkennen. Das verändert nicht die ganze Welt. Aber es ist ein kleiner Schritt dazu.

Briefe, E-Mails, Zuschriften von Lesern und Leserinnen zeigen mir immer wieder, wie das gelingen kann: Durch Momente aus ihrem alltäglichen, kleinen großartigen Leben.

Schlüsselerlebnis

Tina Würtl, eine junge Frau aus St. Ulrich am Pillersee in Tirol, schreibt mir folgendes E-Mail: »Es ist schon spät geworden, aber es ist mir einfach ein Bedürfnis, Ihnen ein paar Gedanken zu schicken. Wie machen wir aus unserer Welt eine bessere Welt? Es ist so einfach, zu leben. Wenn jeder von uns keinem anderen mehr Schaden zufügt, ihn nicht verletzt durch Taten oder Worte, wenn wir keine Angst mehr haben. Ich lebe in einer so unfassbaren, schönen, freien Welt, in der ich glauben kann, was ich will, mein Haus steht mitten im Grünen, beschützt von Bergen, mein Kind (Moritz, 3 Jahre) schläft gesund, satt und friedlich in seinem Bett. Wir alle, die in diesem Geschenk leben, müssen dankbar sein, jede Minute unseres kostbaren Lebens, und wir müssen helfen! Ein nobler Herr Von und Zu könnte doch, anstatt die dritte Magnumflasche Champagner zu bestellen, das Geld einer Familie geben, die sich die Heizkosten nicht leisten kann. Alles ganz einfach. Wenn der gibt, der zu viel hat, haben am Ende alle etwas.

Ich glaube aber, noch viel schwieriger als die Sache mit dem Geld ist die Sache mit dem Herzen. Es läuft bei vielen auf Sparflamme und verkümmert. Als Kind zu wenig Liebe bekommen, ausgelacht in der Schule, kein Selbstbewusstsein, man unterdrückt andere, um sich selbst größer, besser zu fühlen. Wir alle suchen doch den Schlüssel zum Glück, dabei halten wir ihn in Händen. Mein Schlüssel zum Glück ist, dass ich jetzt nach oben gehe, meinen wunderbaren Sohn fest zudecke und ihm leise sage, dass ich ihn liebe. Danke fürs Lesen.«

Tina, danke fürs Schreiben!

Zitherklänge

Es war eine ganz kurze Notiz, die mir Richard Riedl aus Hall in Tirol zukommen ließ. Er schreibt:»Seit Jahren spiele ich in einem Seniorenheim Zither, Akkordeon, Gitarre. Immer wenn beim Fortgehen eine Dame ihre Hand auf meinen Arm legt und sagt: ›Komm ja wieder, Zither ist ja so was Schönes!‹, dann fühle ich mich stundenlang sehr wohl.«

Nur diese wenigen Zeilen, in denen so große Menschlichkeit und tiefes Gefühl steckt. Und eine Geschichte, die ich mir versuche auszumalen: Ein Seniorenheim in Tirol. Menschen, die sich entschieden haben, ihre eigenen vier Wände aufzugeben oder diese aufgeben mussten. Weil ein eigener Haushalt zu beschwerlich ist, weil sie nicht mehr für sich selbst sorgen können. Das Alter ist nicht nur schön, manches tut weh, der Körper, die Seele. Hier geht es ihnen gut, die Menschen sind nett, das Essen schmeckt, und man ist nicht alleine. Die Bewohner blicken auf ihre Leben zurück. Erinnerungen an Kindheit, Schule, Beruf, Familie, an gute und schlechte Zeiten, an Wanderungen in die Berge – die wunderbare schneebedeckte Nordkette so nah, heute blicken sie nur noch von unten hinauf! Die Kinder kommen sie nur manchmal besuchen, sind halt viel beschäftigt, sind ja noch jung, stehen mitten im Leben.

Aber manchmal kommt der Herr Richard mit seinen Instrumenten und bringt alles Schöne zum Klingen. Mit dem Akkordeon, der Gitarre, besonders aber mit der Zither. Melodien aus ihrem Leben. Wie gut das tut. Bevor er geht, legt die Dame ihre Hand auf seinen Arm und sagt: Kommen Sie ja wieder! Und das macht ihn glücklich und alle Bewohner auch. Danke!

Papa

Frau Margareta Schlucher hat mir einen Brief geschickt. Einen Brief an ihren Vater. Ihre Zeilen haben mich sehr berührt.

»Lieber Papa! Wie du weißt, war ich schon 40, als ich dich persönlich kennenlernte. Ich sah dich auf der Straße und sprach dich einfach an. Ich erinnere mich noch heute an den Augenblick, als ich auf dich zugegangen bin, dich begrüßt und mich als deine Tochter vorgestellt habe, als nach einem kurzen, irritierten Blick ein unglaublich strahlendes Lächeln auf deinem Gesicht erschien. Das hat mich zutiefst berührt. Das Glücksgefühl versetzte mich in einen Schwebezustand, der tagelang anhielt.

Du wirst dich erinnern, dass wir vereinbart haben, dass wir uns in Ruhe treffen, um miteinander zu reden. Diese Treffen haben wir in den folgenden Jahren fünf bis sechs Mal im Jahr beibehalten, in Summe nicht viel Zeit. Was wirklich zählt, war jener Augenblick, in dem du mir gesagt hast: »Ich bin richtig stolz auf dich und froh, dass es dich gibt!« Ab da wurde mein Leben rund, ich gewann eine innere Sicherheit, die ich vorher so nicht kannte. Wir kannten uns nur sieben Jahre, als du letztlich diese Welt verlassen musstest. Und trotzdem kann ich heute sehr dankbar und in Frieden dein Grab besuchen und immer wieder die tiefe Verbundenheit und das Gefühl der Wärme, das du mir geschenkt hast, empfinden. Danke, Papa!«

Vertrauen

Anna Pfleger war an diesem Nachmittag knapp dran. Die Aufführung des Theaterensembles 365 sollte schon in wenigen Minuten beginnen, sogar ein Kamerateam hatte sich zur Premiere angesagt, die Generalprobe am Tag davor war chaotisch verlaufen … Viele Gedanken waren zu diesem Zeitpunkt in ihrem Kopf, als sie sich mit ihrem Fahrrad vor dem Haus in der Ybbsstraße einparkte. »In der Aufregung vergaß ich, dass mein Fahrrad ungleich bepackt war, und es fiel prompt auf ein parkendes Auto und machte eine Delle!« Also nahm sie ihre Visitenkarte, schrieb mit bester Absicht eine Entschuldigung darauf, weil sie für den entstandenen Schaden aufkommen wollte. Doch dann meldete sich leises Misstrauen. »Vielleicht ist es besser, den Schaden genau zu fotografieren, wer weiß, wem das Auto gehört und wofür ich am Ende alles verantwortlich gemacht würde …!« Während sie also mit ihrem Handy Fotos des beschädigten Autos anfertigte, kam eine Frau mit Kind und fragte sie, was sie hier mache. »Ich gab ihr meine Visitenkarte und erzählte den Hergang.« Nun bekam die Geschichte eine Wendung. Die Frau, tatsächlich die Besitzerin des Autos, sah sich den Schaden an, dann die »Täterin« und sagte: »Mir wäre die Delle gar nicht aufgefallen, das Auto ist so alt, ich werde das auch nicht mehr reparieren lassen! So etwas kann ja jedem passieren!« Dann fuhr sie freundlich lächelnd weg. »Da stand ich nun, beschämt, aber glücklich, weil ich trotz meines Misstrauens auf unerwartetes Vertrauen und Entgegenkommen gestoßen war! Danke, liebe Unbekannte!«

Mutterliebe

Ich habe Frau S. vor 15 Jahren kennengelernt. Sie war alleinerziehende Mutter einer dreijährigen Tochter, arbeitete halbtags, träumte von einem Leben mit Familie, Vater, Mutter, Kinder. Sie lernte ihren Traumprinzen kennen. Jetzt sollte alles anders werden. Eine gemeinsame Wohnung, ein gemeinsames Leben, das war der Plan. Doch Frau S. wurde schwanger – das stand nicht im Plan des jungen Glücks. Er wollte nicht noch ein Kind, sie wollte ihn nicht verlieren, so entschied sie sich schweren Herzens für eine Abtreibung. Doch noch bevor es dazu kam, stellte sich bei einer Untersuchung heraus, dass das ungeborene Kind mit allergrößter Wahrscheinlichkeit behindert sein würde. Da mobilisierte Frau S. all ihre Kräfte: »Dieses Kind braucht mich mehr als jedes andere!« Sie entschloss sich, das Kind zur Welt zu bringen. Der Vater des Kindes war bald auf und davon. Adieu Familienglück.

Roman ist heute 15 Jahre alt, er ist schwerbehindert. »Die glücklichen Tage sind die, wenn er seinen Kopf alleine halten kann. Wenn er mich mit den Augen anlächelt und dazu Laute von sich gibt, die an das Brüllen eines Löwen erinnern!«, erzählt die Löwenmutter stolz. Ihre Tochter lebt schon ihr eigenes Leben, kommt oft zu Besuch, auch morgen am Muttertag. »Dann mach ich mit meinen zwei Lieblingen einen Spaziergang und weiß, es ist gut so, wie es ist!« Ob sie ihre Entscheidung von damals je bereut hat? »Nicht eine Sekunde!«, sagt die tapfere Mutter. Mutterliebe. Unendlich.

Advent

Manuela F. schreibt mir einen berührenden Brief zum bevorstehenden Weihnachtsfest. Es ist das erste Weihnachten ohne ihren Sohn, der im Sommer gestorben ist. Sie erinnert sich an die Weihnachtsfeste mit ihm, und beim Lesen des Briefes werden bei mir eigene Erinnerungen wach. An die Adventzeit meiner Kindheit, an das Staunen, das Warten auf das Wunder. Die Zeit, in der täglich ein Fenster am Adventkalender geöffnet wurde, und ein Bild kam zum Vorschein! Einfache Adventkalender, mit Bildern drinnen, die man bestaunt hat, und bei denen man sich täglich gefragt hat, was sich wohl hinter dem nächsten Fenster verbirgt. Keine Adventkalender mit Plastik-Innenleben und täglichem Schokogenuss. Oder Spielzeug. Oder Geld. Weil die Kinder ja eh alles haben.

Ich erinnere mich an eine Zeit, als es draußen ganz still wurde, so still, wie nur Schneeflocken fallen. Das gibt es heute nicht mehr? Die Stille kann man sich immer gönnen, auch heute. Dafür muss man aber mutig sein. Geselligkeit, Geschäftsrausch und rasendes Tempo sind eine Flucht vor der so ersehnten Stille und all den bohrenden Fragen, die sie mit sich bringt. Zum Beispiel die Frage, warum wir mit der allerkostbarsten Sache der Welt, der Zeit, so achtlos und gleichgültig umgehen. Als hätten wir unendlich davon. Wenn plötzlich eine schwere Krankheit das Leben bedroht, ist alles anders. Plötzlich ist klar, was das Kostbarste ist. Es ist nicht Geld, nicht Erfolg, nicht die Karriere. Sondern Familie, Freunde, Menschen, die dich lieben und die du liebst. Der Glaube ans Christkind.

So bleibt am Ende nur ein Wunsch: Hätte er nur mehr Zeit gehabt zum Leben!

Vermächtnis

Das Jahr geht zu Ende, Zeit, sich zu verabschieden. Mit Freude und Dankbarkeit denke ich an viele besondere Momente und Begegnungen. Mit Traurigkeit und Schmerz an die Menschen, die nicht mehr da sind. Der Tod unserer Kollegin Marga Swoboda hat uns und viele Menschen in diesem Land bewegt. Kardinal Schönborn bezeichnete ihre Kolumnen als »Evangelien des Alltags«, sie erfasste, so der Kardinal, »was Menschen freut und leiden macht, was sie hoffen lässt und was sie niederdrückt, wo sie Großes für andere taten und wo sie Schreckliches für andere erlitten.« Viele Leser liebten ihr unglaubliches Vermögen, sich in andere Menschen hineinzuversetzen, so empfindsam zu sein für alle Nuancen des Lebens.

Das E-Mail von Theresia Richter hat mich besonders berührt. Sie schreibt mir: »Marga Swoboda konnte all meine Gefühle in Worte fassen … Wenn ich ihre Texte gelesen habe war mir leichter. Ich habe mich auch als Mensch bestätigt gesehen, sie hat mir indirekt gesagt, dass man so fühlen darf, auch wenn man deswegen schräg angesehen wird. Sie hat mir das Gefühl gegeben, ich bin ok, so wie ich bin, sodass mein Selbstwert wieder geradegerückt wurde. Sie hat mich stark gemacht und so wie mich auch viele andere Menschen aufgebaut!« Was für ein Vermächtnis! Andere Menschen, in all ihrer Schwäche, Kleinheit groß machen! Du bist wertvoll, du bist wunderbar, du bist richtig und wichtig, weil du du bist! Ein Gedanke am Jahresende, ein Vorsatz für uns alle fürs nächste Jahr!

Margas letzte Kolumne endete mit folgendem Gedanken:

»Dem Glück ein bisschen auf die Sprünge helfen, wenn es wieder zu spät oder zu langsam war, selber hinaufzukrabbeln. Das geht schon, aber versuchen muss man es noch immer selbst!

Ein bisschen Glücksromantik hat noch keinem geschadet! Daran kann man sich jeden Morgen im Grau und allen Schattierungen überzeugen. Und plötzlich siehst du ein Lächeln, das dir ungebremst das Gesicht erhellt. Tut gut, ein kleiner Gedanke von irgendwo nach irgendwohin. Dann weiß man, dass es sich lohnt, dir oder mir etwas Gutes zu tun. Warum nicht auch für sich selber einmal, zwischendurch.«[1]

»In Zeiten, in denen der Wille, Gutes zu tun, lächerlich gemacht wird, in denen ›der gute Mensch‹ zum Spott- und Schimpfwort wird, ist Vertrauen notwendig, wollen wir nicht in moralischem Nihilismus versinken. Der Zynismus, die ödeste aller Denkungsarten, macht uns mürbe. Solidarität ist bunt und lebendig, Hass ist grau. Menschen sind keine Wellen, Menschen, die Hilfe nötig haben, dürfen nicht mit der Endsilbe -linge bezeichnet und ausgetrieben werden. Die Sprache verrät den Geist. Wer lange genug über gute Menschen spottet, wird sich irgendwann schämen, ein solcher sein zu wollen. Die bösen Worte bereiten die bösen Taten vor wie die guten Worte die guten Taten.«[2]

MICHAEL KÖHLMEIER,
SCHRIFTSTELLER

Kapitel 1 | Good News

Only bad news are good news« heißt das Motto der modernen Medienwelt, ein Motto, das so kurzsichtig wie unwahr ist. Mehr denn je brauchen wir die Kraft der guten Nachricht als gesellschaftliches Bindemittel, als Kitt für unsere Gesellschaft. Diese immer wieder achtsam und geduldig aufzuspüren, auch gegen Widerstände, ist eine große Herausforderung.

Ich war vor einigen Jahren eingeladen, an der Kinderuni in Wien eine Vorlesung für Volksschüler zu halten. Ich wählte das Thema »Gute Nachrichten« für diese Stunden und gab den sechs- bis zehnjährigen Kindern die Aufgabe, aus Tageszeitungen und bunten Magazinen gute Nachrichten auszuschneiden. Eine harte Aufgabe! Im Sportteil wurden wir fündig, dort gab es einige Erfolgsmeldungen von siegreichen Sportlern, schließlich fanden wir noch ein paar kleine Meldungen von Lebensrettern, eine erfolgreiche Fünflingsgeburt, das war es aber auch schon! Die Kinder hatten allerdings ihre eigene Art, die Aufgabe zu lösen, und brachten, feinsäuberlich ausgeschnitten, zahlreiche Werbeinserate. Zunächst war ich darüber sehr erstaunt, doch sie erklärten mir ganz logisch, dass die Nachricht »Minus 10 Prozent« oder »Bestpreis« doch eindeutig eine gute Nachricht sei! Ja, jede Zeit hat ihre Kinder, und die haben ihre eigene Art und Weise, auf die Welt zu blicken!

Die Kriterien einer Welt, die von Ökonomisierung in allen Lebensbereichen geprägt ist, haben sich tief in unser Denken und Fühlen hineingefressen …

Was ist nun die »gute Nachricht«? Und was ist die Aufgabe eines Journalisten? Journalistische Verantwortung heißt für mich, nicht nur herauszufinden, was passiert ist. Unseren

Zuschauern und Lesern muss durch unsere Arbeit wichtig werden, was da überall passiert! Wir wissen von Elend, Not, Krieg, Armut, Ungerechtigkeit auf der ganzen Welt und bei uns. Aber Fakten und Zahlen und Tatsachen bewegen uns nicht. Wir Menschen sind für persönliche Beziehungen, für unmittelbare Erfahrungen in unserer kleinen Welt geschaffen. Damit Ideen Kraft entfalten, müssen wir sie sehen, spüren. Es müssen Bilder in unseren Köpfen entstehen, wir müssen Beziehungen entwerfen. Dazu ist es wichtig, immer wieder Geschichten von Menschen zu erzählen, die menschlich sind, Gutes tun, verantwortlich handeln, Solidarität leben, um Gerechtigkeit kämpfen.

Der Dalai Lama gibt Journalisten folgenden Rat: »Autoren und Journalisten haben großen Einfluss auf die Gesellschaft. (…) Sie haben indirekt die Macht, Millionen von Menschen Glück und Unglück zu bringen. (…) Journalisten sollten die positiven Seiten des Menschen stärker in den Vordergrund rücken. Im Allgemeinen interessieren sie sich für brandaktuelle Ereignisse, vor allem wenn es sich um Horrormeldungen handelt. Andererseits erscheint es uns nicht der Rede wert zu sein, dass wir unsere Kinder erziehen, uns um die Alten kümmern oder Kranke pflegen.«

Durch eine solche einseitige Berichterstattung besteht die Gefahr, dass wir die Welt eines Tages als Ort voller Gewalt und Schrecken wahrnehmen, denen wir ohnmächtig gegenüberstehen. Wenn jegliche Hoffnung auf eine mögliche Veränderung verloren ist, wozu überhaupt den Versuch unternehmen? Um dieser Entwicklung entgegenzuwirken, sind Berichte über gute Taten und Ereignisse von immenser Bedeutung.[3]

Auch Papst Franziskus betont die wichtige Aufgabe von Journalisten in diesen Tagen. Es gebe, so der Papst, wenige Berufe, die so viel Einfluss auf die Gesellschaft haben wie der

Journalismus. Journalisten hätten eine wichtige Rolle und seien auch im digitalen Wandel der Medienwelt eine tragende Säule. Umso größer sei ihre Verantwortung für einen konstruktiven Beitrag zur Verbesserung der Gesellschaft. Dafür müssten Journalisten und Medienmacher im hektischen Arbeitsalltag auch einmal innehalten und sich auf drei wesentliche Dinge besinnen: die Wahrheit lieben, mit Professionalität leben und die menschliche Würde achten. Im ununterbrochenen Fluss der Kommunikation, die 24 Stunden sieben Tage die Woche laufe, sei es nicht immer einfach, die Wahrheit zu finden, sagte Papst Franziskus bei einer Audienz zu Journalisten. In den Grauzonen und dem Für und Wider politischer Debatten sei es die Aufgabe und Mission der Journalisten, Klarheit zu schaffen, der Wahrheit so nah wie möglich zu kommen. Die Professionalität eines Journalisten bestehe vor allem darin, die eigene Arbeit nicht den Interessen von Wirtschaft und Politik zu unterstellen. »Es sollte uns zum Nachdenken bringen, dass die Diktaturen jeder Richtung und Couleur im Laufe der Geschichte nicht nur immer versucht haben, sich der Kommunikationsmittel zu bemächtigen, sondern dem Beruf der Journalisten auch neue Regeln auferlegt haben.«

Zuletzt gelte es für Journalisten, die menschliche Würde zu beachten. Geschwätz bezeichnet Franziskus als eine Form von Terrorismus. »Heute erscheint ein Artikel, morgen wieder ein anderer. Aber das Leben eines Menschen, der zu Unrecht diffamiert wird, kann damit für immer zerstört werden«, warnte der Papst. Der Journalismus dürfe nicht zu einer »Waffe der Zerstörung« einzelner Personen oder ganzer Völker werden. Er sollte auch nicht die Ängste schüren vor Veränderungen und Phänomenen wie Migration, Krieg und Hunger. Vielmehr müsse der Journalismus »Instrument des Aufbaus« werden, Versöhnungsprozesse beschleunigen, eine Kultur der Begegnung fördern. »Ihr Journalisten könnt jeden Tag alle daran erinnern, dass es keinen Konflikt gibt, der nicht gelöst werden kann von Frauen und Männern guten Willens.«[4]

Es gilt demnach, immer wieder zu überprüfen, was wir in den Mittelpunkt unserer Berichte stellen, worauf wir die Scheinwerfer richten: Höher, schneller, weiter, schöner, besser ist meistens die Devise. Kürzlich sah ich Marcel Hirscher am Cover einer Zeitung, ein erfolgreicher, gut aussehender junger Mann – aber das reicht nicht, das Foto wurde zusätzlich retuschiert! Noch schöner, noch besser, noch glatter, noch jünger, noch erfolgreicher. Wir schaffen uns perfekte Ikonen, um dann selbst nicht mehr zu genügen. Eine absurde Entwicklung!

Aber: Kennen Sie die Namen der reichsten Menschen der Welt, der »Miss World«, der letzten Nobelpreisträger oder Oscar-Gewinner? Wohl kaum. Beifall verhallt! Medaillenglanz ermattet. Die Sieger werden vergessen. Aber den Lehrer, der Ihren Bildungsweg beeinflusst hat, der Freund, der da war, als es Ihnen schlecht ging – diese Namen werden Sie sich merken, Ihr ganzes Leben lang. Diese Menschen machen den Unterschied, können lebenswichtig, ja sogar lebensentscheidend sein. Also hören wir die Leisen, schauen wir auf die angeblich Hässlichen, stützen wir die Schwachen. Seien wir menschlich, und das heißt immer auch, mit Fehlern behaftet. Wie schön, wenn ein Experte, ein Gelehrter, ein Politiker eine Frage einmal nicht beantworten kann. Wie gut tut uns allen ein ehrliches: Ich weiß es nicht.

Bei den täglichen Nachrichten fragen sich viele von uns: Wie kann man das überhaupt noch aushalten? Die Faszination des Grauens ist längst purer Niedergeschlagenheit gewichen. Was ist bloß los mit unserer Welt? Wie kann man je wieder Freude empfinden, an das Schöne und Gute glauben,

Trost spenden, Mut machen, Menschen vertrauen? Vielleicht hilft ein kurzer Blick in die griechische Mythologie: Pandora erhält von Zeus eine Büchse geschenkt, die mit allem Unheilbringenden gefüllt ist. Bis dahin hat die Menschheit kein Übel, nichts Schlechtes gekannt. Pandora missachtet den Rat, die Büchse niemals zu öffnen. Kaum hebt sie den Deckel, kommt das Böse heraus und verbreitet sich in aller Welt. Mich faszinierte schon immer das optimistische Ende dieser Geschichte: Denn ganz unten, in den Tiefen der Büchse – und das dürfen wir nie vergessen – wartet: die Hoffnung. Ohne die Hoffnung könnten wir den Rest nicht ertragen.

Welche gute Nachricht habe ich heute wahrgenommen?

Wann war ich zuletzt selbst der Überbringer einer guten Nachricht?

Welche gute Nachricht würde ich gerne als Schlagzeile formulieren und veröffentlichen?

Frohes Leben

2008 feierte die damals älteste Österreicherin ihren 110. Geburtstag. Hermine Dunz wurde im Februar 1898 geboren, im Todesjahr von Kaiserin Elisabeth. Sie war Kindermädchen, arbeitete in Ungarn, Italien, der ehemaligen Tschechoslowakei – mein Gott, Grenzen, die haben sich doch laufend verändert! 110 Jahre – zwei Jahrhundertwenden hat sie erlebt und all die Ereignisse, die wir nur aus Geschichtsbüchern kennen: Ein junges Mädchen von 20 war sie, als der Erste Weltkrieg endete. Welche schmerzlichen Verluste hat er ihr wohl beschert?

»Ich hab gerne die Männer geküsst«, verrät sie heute. Ihr Herz hat sie nur ihrem Ehemann geschenkt, mit dem sie 22 Jahre verheiratet war. Eine Frau von 40 Jahren war sie, als Hitler im März 1938 in Österreich einmarschierte. Dann der Krieg, Zusammenbruch und Wiederaufbau, ein neues Österreich. Wie viele Regierungen sie kommen und gehen und streiten gesehen hat? Da kann Hermine nur müde lächeln. Als sie 70 Jahre alt war, erlebte die Welt die 68er-Generation, die sexuelle Revolution, die Pille, den ersten Menschen am Mond. Noch einmal gute 20 Jahre sollte es dauern, bis der Eiserne Vorhang fiel, da war Hermine schon über 90. Und 110 musste sie werden, um sich über den ersten Oscar für einen österreichischen Film zu freuen!

Wie man so alt wird? Keine Medikamente, jeden Tag ein kleines Bier und mäßig leben, rät sie. Den Männern nicht nachhängen. 110 Jahre, ein Gesicht wie ein Bilderbuch. Ganz weich wird ihr Ausdruck, wenn sie zu erinnern sich beginnt. Und manche Erinnerung ist wohl so gut verräumt, dass sie sie selbst nicht mehr findet. »Ich war immer ein froher Mensch«, sagt sie. Das ist wohl die Kunst: ein frohes Leben leben, egal was auf der Welt passiert!

Ein Euro

Eine schöne Geschichte, geschehen im ostfranzösischen Dole: Der 62-jährige Michel Flamant ist Bäcker, seit er 14 Jahre ist. Seine Lebensgefährtin verkauft die Waren im Geschäft. Beide suchen schon längere Zeit einen Nachfolger für das Geschäft, die drei Töchter haben andere Interessen. Vor dem Geschäft lungert immer wieder ein Obdachloser herum, Jérôme Aucant, und wartet darauf, vom Bäcker ein Croissant und einen Kaffee zu bekommen.

Dann erleidet der Bäcker plötzlich wegen eines kaputten Ofens eine lebensgefährliche Kohlenmonoxid-Vergiftung. Es ist eben dieser Obdachlose, der ihn findet und den Notarzt ruft. »Wäre Jérôme nicht dagewesen, wäre ich auf dem Friedhof gelandet«, sagt Flamant. Als er nach zwölf Tagen aus dem Krankenhaus kam, bot er Aucant einen Job an. Sechs Tage die Woche steht dieser von Mitternacht bis mittags in der Backstube im Keller, bäckt Brot, Kuchen und Torten. Schnell war der Bäcker angetan von seinem tätowierten Lehrling, der sich extra für seinen ersten richtigen Job die Dreadlocks abschnitt. »Jérôme ist ein Arbeitstier«, sagt Flamant. »Also habe ich beschlossen, ihm die Bäckerei für einen symbolischen Euro zu überlassen.« Bald ist es so weit, dann endet die Einarbeitungszeit für »den Neuen« und für die Bäckerei ist ein Nachfolger gefunden.

Polizeieinsatz

Streifenpolizisten werden bekanntlich zu den unterschiedlichsten Einsätzen gerufen: Verkehrsunfälle, Gewalttätigkeit, Trunkenheit, Einbruch und vieles mehr. Doch diesmal war besonderes Feingefühl notwendig: In Wien-Favoriten wurde die Polizei gerufen, weil eine Wildentenmutter mit ihren 15 (!) Küken verschreckt und orientierungslos auf die Straße – und damit in ihren sicheren Tod – laufen wollte! Den Polizisten gelang es, die Küken einzufangen und in einen Karton zu verfrachten. Doch das Einfangen der Wildentenmutter misslang. Sie war offenbar skeptisch, ob die herbeigerufenen Langbeine tatsächlich »Freund und Helfer« waren oder nicht doch vielmehr nach ihrem zarten Fleisch trachteten, und blieb verschwunden.

Bis die Polizisten entschieden, den Karton mit den 15 Küken auf dem Rücksitz des Streifenwagens zu einem nahe gelegenen Teich zu transportieren. Plötzlich war die Entenmama da, denn die Sorge um ihre Brut war stärker als die Todesangst! Der gute Polizist, und ihm sei an dieser Stelle gedankt, erkannte die emotionale Ausnahmesituation und ließ beim heiklen Transport das Seitenfenster des Wagens offen, damit Mama Ente im Begleitflug ständigen Sichtkontakt zu ihren Sprösslingen hatte, den Streifenwagen »eskortierte«! So gelang es, die gesamte Familie wohlbehalten zum Teich zu bringen, Mutter und Küken sind nach Auskunft der Polizei wohlauf. Zum Abschluss gab es Brotstücke und die immerwährende Erkenntnis, dass es kein stärkeres Band gibt als Mutterliebe!

Es sollte ein Zeichen sein, für dieses große Fest der Völker-
verständigung, des Friedens. Die Olympischen Spiele leben
seit Anbeginn von großen Symbolen. Als am 5. August 2016
die Olympischen Spiele in Rio eröffnet wurden, nahm auch
ein Team von Flüchtlingen an den Wettkämpfen teil. Diese
starteten nicht für ihr Heimatland, sondern unter der Flagge
des Internationalen Olympischen Komitees. »Die Mann-
schaft startet unter denselben Bedingungen wie alle anderen«, erklärte IOC-Präsident Thomas Bach. »Wir wollen
damit ein Zeichen der Hoffnung an alle Flüchtlinge auf der
ganzen Welt senden.«

Mit dabei war die 18 Jahre alte Schwimmerin Yusra Mardini aus Syrien. Ihre Geschichte war um die Welt gegangen:
Als sie von der Türkei nach Griechenland flüchtete, 20 Flüchtlinge im Schlauchboot, fiel der Außenbordmotor aus. Yusra,
ihre Schwester und ein drittes Mädchen sprangen ins Wasser,
schoben das Boot stundenlang durch die Ägäis, bis sie siche-
res Ufer erreichten. »17 Leute, die nicht schwimmen konnten«, erzählte Yusra bei der Pressekonferenz. »Wir mussten
sie retten.« Über die Balkanroute kam Yusra Mardini über
München nach Berlin. Ein Übersetzer stellte den Kontakt zu
den Wasserfreunden Spandau 04 her, wo sie schließlich in
die Trainingsgruppe aufgenommen wurde. Dann war sie
dabei, im Team »Refugee Olympic Athletes (ROA)«. Und sie
war die Sportlerin, die dem ROA-Team, der Flüchtlingskrise
und dem humanitären Anliegen des Weltsports ein Gesicht
gab. »Weil ich schwimme, lebe ich noch!«*

* Die sportlichen Fakten ihres Rennens über 100 Meter Delfin: Mardini
gewann ihren Vorlauf gegen zwei andere Schwimmerinnen in 1:09,21
Minuten, blieb aber über ihrer persönlichen Bestzeit – es reichte am
Ende zu Platz 41 unter 45 Schwimmerinnen.

Geburtsort

Mit der Statistik kann ja bekanntlich alles berechnet werden. So hat das britische Wirtschaftsmagazin *The Economist* eine Geburtsortsrangliste veröffentlicht, die die künftige Lebensqualität der Menschen in 80 Ländern vergleicht. Dabei wurden wirtschaftliche, soziale und kulturelle Faktoren miteinbezogen. Demnach ist die Schweiz das Land mit den besten Aussichten auf ein glückliches Leben, vor Australien. Es folgen die skandinavischen Länder Norwegen, Schweden und Dänemark auf den Plätzen drei bis fünf. Singapur, Neuseeland, die Niederlande, Kanada und Hongkong machen die Top Ten des »Where to be born«-Index komplett. Österreich belegt hinter Finnland und Irland den 13. Platz.

Was sagt uns nun diese Prognose? Trotz der globalen Wirtschaftskrise standen die Chancen auf ein erfülltes Leben noch nie so gut wie jetzt! Obwohl die Produktionswachstumsraten weltweit gesunken sind, erreichen die Einkommensraten nahezu historische Höhen! Auch die Lebenserwartung steige, und die Zeichen auf politische Freiheit verdichteten sich weiter. Allerdings hinterlässt die Krise auch ihre Spuren, vor allem bei der Arbeitslosenrate und der persönlichen Sicherheit. Das wirkt sich auf das Familien- und das gesellschaftliche Zusammenleben aus. Diese Prognose sei allen Neugeborenen unter den Kopfpolster gelegt: Es ist ein Segen, heute in Österreich auf die Welt zu kommen! Jetzt gilt es für jeden, etwas daraus zu machen!

Das Loch in der Wand

Auf der Buchmesse in Frankfurt, in Bollywood-Produktionen, in prachtvollen Bühnenshows, Reiseberichten und Wirtschaftsnachrichten: Indien boomt! Ein einzigartiges Experiment am sozialen Sektor zeigt die Herausforderungen des Subkontinents besonders deutlich. Kennen Sie die Geschichte vom »Loch in der Wand«? Dort, wo ein riesiges Computerunternehmen in New Delhi auf die größten Slums der Stadt trifft, trennt eine dicke Mauer die ganz Reichen von den ganz Armen. Ein schlauer Wissenschaftler hatte eine Idee: Er stemmte in diese Wand ein Loch und installierte einen Computer mit Internetzugang. Dann beobachtete er, wie Slumkinder, die nicht schreiben und lesen können, die in ihrem ganzen Leben kein einziges technisches Gerät gesehen haben, plötzlich auf den Computer treffen! Es dauerte acht Minuten, und der erste Bub konnte den Computer bedienen – in nur acht Minuten hat er 5000 Jahre Menschheitsgeschichte übersprungen! Nach weiteren zwei Minuten begann er, das Gelernte anderen Kindern beizubringen.

Seit Beginn hängt vor dem »Loch in der Wand« eine Kindertraube. Von Sonnenaufgang bis in die Nacht. Niemand hat den Slumkindern je erklärt, was ein Computer, was das Internet ist. Doch sie fanden sich zurecht, laden Musikdateien herunter, haben das Bild einer indischen Schönheitskönigin als Bildschirmhintergrund installiert, spielen PC-Spiele und zeichnen mit Malprogrammen. Das Experiment wurde als außergewöhnliche soziale Erfindung ausgezeichnet. Ein »Loch in der Wand«, das einen unvorstellbaren, dauerhaften sozialen Wandel in Indien bedeuten könnte, sagen die Experten. Und alles, was Indien verändert, verändert die ganze Welt.

Badetag

Heute ist Thomas wieder zu Hause, in der Steiermark, er will das Schuljahr abschließen und dann die Ferien genießen. Trotzdem. Es ist gerade einmal einen Monat her, als das Unglück passierte.

Es war ein schöner Badetag Mitte Mai. Der 15-jährige Thomas Krämer war mit seinen Freunden im Badesee in Sinabelkirchen. Seine Freunde waren schon an Land, als sie Thomas plötzlich um Luft ringen – und untergehen sahen. Walter Hertnagel hatte an diesem Tag Dienst als Bademeister. Er reagierte prompt und professionell, unter Aufbietung all seiner Kräfte gelang es, den jungen Mann nach etwa 15 Minuten vom Seegrund zu holen. Hubschraubereinsatz des Christophorus 12, Reanimation, Intensivstation, künstlicher Tiefschlaf. Wird er überleben? Und wenn ja, mit welchen Schäden? Eltern, Schwester, Freunde bangten um sein Leben. Intensivstation, das bedeutet medizinische Hochleistung, ständiges Beobachten aller Parameter, jede Kurve, jedes Piepsen, jede kleinste Bewegung mit dem Augenlid oder dem Finger. Kann er uns hören? Wo ist er jetzt? Zerreißprobe für Nerven und Gefühle der Angehörigen. So plötzlich schneidet eine Katastrophe ins Leben. Nichts ist mehr so wie vorher.

Dann positive Signale: Der Hirndruck sinkt. Die Ärzte wagen es, die Aufwachphase einzuleiten. Erste Bewegungen und dann die ersten Worte: »Mama, bist du schön!« Wie schön muss in diesem Moment ihr Sohn und das Leben für diese Mutter und die ganze Familie gewesen sein! Thomas lebt. Danke allen, die mitgeholfen haben!

Hundeleben

Am Ende war es ein Versicherungsfall. »Hundebiss« wird irgendwo in dem Akt stehen, der abschlägig beantwortet wurde. Denn die Besitzer waren laut Gesetz Mitverursacher.

Ja, Gabriele und ihr Mann Hans hatten tatsächlich einen kurzen Moment nicht aufgepasst. Filou, der ein Jahr alte kleine Rehpinscher ihrer Tochter Melanie, entwischte blitzschnell auf die Straße. Und dort passierte es: Ein großer Hund biss den kleinen Flitzer, fest und tief, und ließ ihn nicht mehr los. Bis der Familienvater schließlich unerschrocken den großen Hund schüttelte, am Kiefer packte, bis er das Maul aufmachte, und dabei selbst gebissen wurde. Unvorstellbare Aufregung, Schreie, Blut, Schmerzen, der Mann verletzt, der schwer verletzte Filou im Schock verschwunden. Eine Freundin fand ihn schließlich, einige Kilometer entfernt. In der Not ein Anruf beim Tierarzt, Dr. Wöckinger in Steyregg. Und der handelte an diesem Sonntag prompt und menschlich: sofortige Notoperation des Hundes. Dann verarztete er die Bisswunde des Mannes und kümmerte sich um den Kreislauf von dessen Frau, die nach der ganzen Aufregung nicht mehr konnte.

Schlaflose, sorgenvolle Nächte folgten, intensive Pflege, Kontrollen. Filou überlebte. Entschädigung gab es keine, aber »was ist schon Geld gegen ein Leben und die Menschlichkeit, die wir an diesem Sonntag erleben durften! Hätte die Rettungskette nicht so perfekt funktioniert, wäre es anders ausgegangen – und dieses Glück ist mit keinem Geld der Welt zu bezahlen!«, schreiben die dankbaren Hundebesitzer.

Wiedersehen

Sechs Jahre lang lebte Johann auf der Straße. »Langzeit-
obdachlos« heißt das in der Fachsprache. Geschlafen hat er
meist in einem alten Turm am Kapuzinerberg in Salzburg,
ohne Wasser, ohne Toilette, aber doch etwas wärmer als
draußen. Johann weiß, wie sich Kälte anfühlt, genauso wie
die abfälligen Blicke vieler Menschen. Obdachlos zu sein,
bedeutet nicht nur kein Zuhause zu haben und in Armut zu
leben, es heißt auch ausgegrenzt zu sein, meist sogar von der
eigenen Familie. So war es auch bei Johanns Tochter. »Was
hätte ich ihr denn erzählen sollen? Dass ich obdachlos bin?«
Die Scham des 68-Jährigen war zu groß, um dem eigenen
Kind zu sagen, wie er lebte.

Das in Österreich noch einzigartige VinziDach-Projekt
»Housing First« geht einen mutigen Weg: Langzeitobdach-
lose bekommen eine eigene kleine Wohnung. Ein neues
Leben, von einem Tag auf den anderen, begleitet von kundi-
gen Sozialarbeitern. Plötzlich geborgen, plötzlich wieder
etwas wert! Das führt dazu, dass die Bewohner nicht nur ihre
eigene Wohnung sehr zu schätzen wissen, sondern auch den
Weg zurück in ein geregeltes Leben schaffen. Johann hatte
Glück, er bekam einen von zehn Wohnungsschlüsseln in
Salzburg.

Und dann geschah Unglaubliches: Es klingelt an der Woh-
nungstür. Johann erwartet keinen Besuch, dennoch öffnet er
die Tür und blickt in die Augen seiner Tochter, die er Jahre
nicht mehr gesehen hatte. Sie hatte durch einen Zufall von
diesem Projekt gelesen und ihren Vater erkannt. Er bietet ihr
Kaffee und Kekse an, und die beiden beginnen zu reden …

Gegen Unrecht

In letzter Zeit wurde viel über das Flüchtlingselend disku-
tiert. Immer wieder heißt es, dass es keine einfachen Lösungen gibt. Zu groß die Dimension des Elends, zu komplex die
Details, zu gewalttätig die Konflikte dahinter, zu gefährlich
die politischen Konsequenzen. Sollen doch erst einmal die
anderen etwas ändern, die Politik, die Wirtschaft, die USA,
die anderen europäischen Staaten, die Reichen und so weiter!

Das mag alles richtig sein. Und doch: Das Einzige, das wir
der Katastrophe entgegensetzen können, ist Solidarität. Solidarität besteht aus menschlichem Mitgefühl und mutigem
Handeln. So wie all die Menschen, die sich um diejenigen
kümmern, die es bis zu uns geschafft haben. Wie Schiffskapi-
täne, die im Mittelmeer Flüchtlinge mit ihren Booten auf-
nehmen, nicht wissend, ob es für sie rechtliche Folgen hat.
Wie private Helfer, die in Afrika Schulen bauen. Wie Tausende Menschen, die spenden. Jeder von uns kann etwas tun.
Das ist mitunter anstrengend, langwierig, kräfteraubend, so
ist Demokratie. Wir können aufbegehren, unsere Politiker
fordern, aber wir müssen ihnen auch vertrauen! Schimpf
und Schande sind nicht die Mittel der Veränderung. Der im
Mai 2016 verstorbene Rupert Neudeck, Gründer der Hilfs-
organisationen »Cap Anamur« und »Grünhelme«, war trotz
jahrzehntelangen Engagements nicht müde oder frustriert,
sondern voller Tatendrang: »Ich habe die Welt ein bisschen
angeschaut und deshalb bin ich kein Pessimist geworden.«
Und: »Ich möchte niemals mehr feige sein. Niemals feige,
immer mutig!«

www.gegen-unrecht.at

»Ich habe keine Lehre. Ich zeige nur etwas. Ich zeige Wirklichkeit, ich zeige etwas an der Wirklichkeit, was nicht oder zu wenig gesehen worden ist. Ich nehme ihn, der mir zuhört, an der Hand und führe ihn zum Fenster. Ich stoße das Fenster auf und zeige hinaus. Ich habe keine Lehre, aber ich führe ein Gespräch.«[5]

MARTIN BUBER,
RELIGIONSFORSCHER
UND -PHILOSOPH

Kapitel 2 | Wer sind meine Lehrer?

Ich habe das Glück, sehr unterschiedliche berufliche Heraus-forderungen zu haben. »Was machst du eigentlich alles?«, fragen mich manchmal Leute. Ombudsfrau, meine Gesprächs-sendung STÖCKL., *Science Talk*, *Gipfel-Sieg*, wir (KIWI-TV-Filmproduktion, Anm.) produzieren das Gesundheitsmaga-zin *Bewusst Gesund* und die Fragen zur *Millionenshow*, dann schreibe ich und moderiere und unterstütze persönliche Anliegen. Das ist nur auf den ersten Blick unterschiedlich, auf den zweiten hat alles eine gemeinsame Aussage, die mir wich-tig ist: Es gibt keine Alternative zum Dialog! Im Gespräch blei-ben, um Gegensätze zu überwinden, Brücken zu bauen, Dis-kussionen anzuregen – ich kenne nichts Besseres.

Was braucht es, um im Gespräch zu bleiben? Am aller-wichtigsten scheint mir, ist schweigen können. Schweigen und zuhören, erst dann kommt das Fragenstellen. Ich glaube, das Größte, das ein Mensch empfangen kann, ist: Gesehen zu werden, gehört zu werden, verstanden zu werden, berührt zu werden. Das Größte, was ein Mensch geben kann, ist: Den anderen zu sehen, zu hören, zu verstehen, zu berühren. Daraus kann man etwas gewinnen, das das Leben besser, das Zusammenleben schöner macht. Manchmal heißt dieses Eli-xier Mut, manchmal ist es Weisheit, manchmal einfach Trost.

Das zu erkennen, erfordert große Lehrmeister. Sie haben mich auf meinem Weg begleitet. Bekannte, schillernde Per-sönlichkeiten, kluge Denker, mutige Abenteurer und unbe-kannte, große Menschen. Ich habe den Einblick in verschie-dene Lebenswelten immer als große Bereicherung erlebt. Obdachlose in der Gruft und auf der Donauinsel, Sozial-arbeiter im rumänischen Ziegenthal, Pflegekräfte im Kran-kenhaus oder Altenheim, Hospiz-Mitarbeiter, die bei der letzten Reise da sind. Sie haben mich Demut und Menschlichkeit gelehrt. Und Kontingenz, das Wissen, dass alles ganz anders sein könnte.

Diese Menschen sind der Kitt, der unsere Gesellschaft zusammenhält. Ohne solche mutigen Menschen wäre unser Land gar nicht erst entstanden, und ohne mutige Menschen, die auch unpopuläre Meinungen vertreten, wird es nicht bestehen können. Es gibt sie, die Einzelnen, die ihr Leben riskieren, um einen anderen Menschen zu retten. Die Menschen, die sich für Gerechtigkeit einsetzen, selbst wenn sich persönliche Nachteile daraus ergeben. Es gibt die unbequemen Mahner, die gegen den Strom schwimmen. Wir brauchen diese Vorbilder, wenn unsere Gesellschaft nicht an Gleichgültigkeit und Egoismus zugrunde gehen will. Gleichgültigkeit und Egoismus, diese Eigenschaften scheinen mir gefährlicher als Bedrohungen von außen, weil sie die Gesellschaft von innen her zersetzen. Sie zerstören die Solidarität in unserer Gesellschaft und damit das Fundament unseres Staates. Frage nicht, was dein Staat für dich tut, sondern was du für deinen Staat tun kannst, sagte einst Kennedy. Das ist ein weiser Satz, der für mich so nicht stimmt. Der Staat ist Dienstleister von uns allen, wir dürfen, ja wir müssen jeden Tag fragen, was er für uns tut, und warum so vieles nicht getan ist. Und wir müssen uns jeden Tag selbst fragen, ob wir genug getan haben.

In Solschenizyns Roman *Krebsstation* wird die Frage gestellt: »Wovon lebt der Mensch?« Die Antworten: von der Versorgung, vom Arbeitslohn, von Luft, Wasser, Essen, von der Qualifikation, von der Heimat, von der Ideologie und gesellschaftlichen Interessen. Immer wieder wird nachgefragt. Am Ende kommt die Antwort, dass man es sich kaum zu sagen wage, es klinge fast unanständig … der Mensch lebe von der Liebe. Der Sinn unseres Lebens? Geliebt zu werden und vor allem lieben zu dürfen. Aus der Passivität des Empfangens in die Aktivität des Gebens zu gelangen, sich gebraucht, wert- und liebevoll erfahren zu dürfen.

»Engagiertes Leben verlangt Einsatz. Bedroht von den Metastasen einer krankmachenden Umwelt, wachsender Individualisierung, Verunsicherung, Überforderung, Angst, Neid, Gier, Reizüberflutung, heimgesucht von ökonomischen, sozialen und ökologischen Katastrophen, alleingelassen von selbstverliebten Verantwortungsträgern und Verantwortungsverweigerern – wovon werden die Menschen leben? Unanständig gesagt: von der Liebe. Von achtsamen, mutigen und warmherzigen Mitmenschen, die an einer Kulturlandschaft arbeiten, die Armen, Kranken, Alten, Sterbenden, Gehinderten, Fremden, Unerwünschten, Sehnsüchtigen und Sinnsuchenden Schutz-, Lebens-, Entfaltungs- und Gestaltungsraum bieten. Es gibt sie, gab sie schon immer und wird sie immer geben.«[6]

Wer sind meine Vorbilder und Lehrmeister, die mir Geschenke gegeben und Chancen eröffnet haben? Habe ich ihnen je gesagt, wie wichtig sie für mein Leben waren/sind?

Welches Lob habe ich bekommen, das ich noch heute in guter Erinnerung habe?

Worin könnte ich Vorbild für andere sein?

Herzenstreue

Bekannt wurde Maria Loley, als sie im Oktober 1995 durch eine Briefbombe verletzt wurde. Noch im Krankenhaus hat sie dem Attentäter verziehen. »Weil auch er ein Mitmensch ist!«, wie sie sagt.

Ich durfte diese besondere Frau als Gast meiner Sendung treffen, für mich war es eine außergewöhnliche Begegnung. Als ausgebildete Fürsorgerin hat sie ihr ganzes Leben in den Dienst der Menschen gestellt, die am Rande der Gesellschaft stehen. Sie ist für Flüchtlinge da, für Einsame, immer öfter für depressive Menschen. Worauf es ankommt beim Helfen? Maria Loley macht eine kurze Nachdenkpause, sie ist eine stille, bescheidene Frau ohne große Worte. Dann verwendet sie ein ganz eigenes Wort, eine Wortschöpfung: Herzenstreue! Dieses Wort steht in keinem Wörterbuch, die deutsche Sprache kennt es nicht, obwohl es so vielsagend und schön ist. Wenn Maria Loley von »Herzenstreue« spricht, dann meint sie für den anderen bedingungslos da sein, ohne zu wissen, wie es weitergeht, zuhören können, die Stille der Not ertragen, auch Herzenswärme geben. In solchen Situationen muss man keine fremde Sprache sprechen, nicht einmal passende Worte finden. »Von Aug zu Aug, von Herz zu Herz mit dem anderen sein!«, erklärt sie. So einfach. Bis zuletzt lebte die 86-Jährige in einem Pensionistenheim in Niederösterreich, ihr Lebensmotto lautete viele Jahrzehnte unverändert: Weitermachen! Eine zarte Frau, klein, schmächtig – eine der ganz großen Persönlichkeiten unseres Landes!*

* Maria Loley starb am 4. Februar 2016.

Niko

Ich kenne Niko schon viele Jahre. Der 13-Jährige sitzt im Rollstuhl, seit einem Autounfall vor zwölf Jahren ist er querschnittgelähmt. Niko ist ein Kämpfer, er weiß, dass er irgendwann wieder gehen wird. Er ist beliebt bei seinen Mitschülern, ein toller Sportler, ein fescher Junge.

Eines Tages fuhr ich im Auto, als ich ihn und seinen Bruder Alex zufällig sah und einige Minuten lang beobachtete, so sehr hat mich der Anblick der beiden Burschen berührt. Zwei Brüder – der große als Fußgänger, der kleine im Rollstuhl. Lachend, gestikulierend, ins Gespräch vertieft, zwei, die durch dick und dünn gehen, das war durch jede Geste klar! Am regennassen Winterhimmel stand ein grandioser Regenbogen, und dieses besondere Licht ließ auch meine beiden Helden strahlen.

Schwierige Jahre liegen vor Niko, der Rollstuhl wird diese Zeit nicht einfacher machen. Die Zeit, in der die Eltern »blöd« werden, wenn Mädels interessant werden und man mit Gleichaltrigen weggehen will. Wenn der Schutz der engsten Familie plötzlich gegen das Abenteuer des eigenen Lebens getauscht wird. Wenn man sich die Frage stellt: Was will ich? Und mit wem? Nein, mir ist gar nicht bang um Niko. Der weiß, wo es langgeht. Und er hat seinen großen Bruder – was für einen! Ich hab's gesehen…

Anmerkung: Im Sommer 2016 hat Niko sein großes Ziel, bei den Paralympics in Rio als Tennisspieler dabei zu sein, erreicht. Sein Bruder Alex schrieb auf Facebook vor dem ersten Match: »Auf geht's Niko! Ich bin irrsinnig stolz auf dich, dass du es zu den Paralympics geschafft hast – alles, was jetzt noch kommt, ist sowieso nur noch Draufgabe! Ich hab immer versucht, dich so gut wie möglich zu unterstützen, und das gilt natürlich auch für die Zukunft. Wir sind ein Team, damals wie heute :)!«

Kundudu

Ich konnte mich von ihm bei einer berührenden Trauerfeier verabschieden. Er war ausgezogen, die Schauspielwelt zu erobern, und war ausgerechnet durch eine Wette in einer Unterhaltungssendung zu einem neuen Lebensinhalt gekommen. Seine Radikalität hat mir immer Bewunderung abgerungen. »Ich kann euch nichts geben, außer meiner Liebe!«, hat er in seiner ersten Rede in Äthiopien gesagt. Er hat Millionen Menschen beeinflusst, geprägt, gerettet. Sieht man vor Ort, was er alles bewegt hat, dann weiß man, was Geld wirklich wert ist. 10 Euro, die es einem Kind ermöglichen, zur Schule zu gehen. Ein Brunnen mit sauberem Trinkwasser. Frauen, die wieder aufrecht gehen können, weil sie nicht mehr wie Esel Brennholz schleppen müssen, sondern in landwirtschaftlichen Projekten für sich selbst sorgen können.

Karlheinz Böhm hat mir Herz und Augen geöffnet. Er hat mir die Schönheiten Äthiopiens gezeigt, auf gemeinsamen langen Autofahrten war er ein kundiger und charmanter Reiseführer. In abgelegenen Dörfern kamen die Menschen herbeigelaufen, wenn sie sein Auto hörten. »Kalheinz Bum!«, riefen sie, liefen ihm winkend nach. Die wenigen Sätze Amharisch, die Karlheinz sprach, reichten völlig aus, um Kontakte zu knüpfen, ohne Worte, ein Händedruck, ein Lächeln, ein Blick, eine Umarmung. In der Ferne hat er mir Kundudu gezeigt, einen großen Tafelberg, von dem aus man von einer hohen, weiten Ebene über das Land sehen kann. Sein »Sehnsuchtsberg«. Wir nahmen uns vor, diesen Berg einmal zu besteigen! Nun ist Karlheinz schon oben.

www.menschenfuermenschen.at

Letzter Ausweg

Am 1. Dezember 1993 verbrachte der beherzte Pfarrer Wolfgang Pucher die erste Nacht mit obdachlosen Männern in Containern, die zwischen Landeskrankenhaus und Leonhardfriedhof in Graz aufgestellt wurden. Diese Nacht war die Geburtsstunde einer Sozialeinrichtung, die heute nicht mehr wegzudenken ist: das VinziDorf, ein Ort mit Würde für Menschen, denen die Gesellschaft den Rücken kehrt, die im Alkohol oft die letzte Möglichkeit sehen, das Leben irgendwie zu ertragen. Auf einen Aufruf hin haben sich 30 Freiwillige für den Anwesenheitsdienst gemeldet, rund um die Uhr, jeden Tag. Privatpersonen, Firmen, öffentliche Institutionen unterstützen das Dorf. Es gab nicht nur gute Zeiten, es war viel Kampf, Durchhaltevermögen und Überzeugungsarbeit nötig, weiß Gott!

Doch der Kämpfer Wolfgang Pucher – der 2013 sein 50-Jahr-Jubiläum als Priester, das 40-Jahr-Jubiläum seiner Pfarre und das 20-Jahr-Jubiläum seiner Idee feierte – sieht sich in seiner Grundhaltung bestätigt: Dass jene, die am Rande der Gesellschaft leben, sich verändern, wenn ihnen Verständnis entgegengebracht wird. AUS WEG LOS hieß die Wanderausstellung, mit der der Geburtstag von VinziDorf gefeiert wurde, Prominente wurden eingeladen, im Container zu übernachten, um ein Gefühl für die Situation der Bedürftigen zu bekommen. Und um zu zeigen, dass es immer einen Ausweg gibt, wenn Menschen es nur zulassen. Das VinziDorf war und ist für viele Menschen der letzte Ausweg. 20 Jahre VinziDorf, das bedeutete: 220 000 Nächtigungen, 440 000 warme Mahlzeiten, 7300 Nachtdienste, 180 000 ehrenamtlich geleistete Arbeitsstunden, 20 Weihnachtsfeste in Wärme und Geborgenheit, eine unzählbare Menge an Tränen, die getrocknet wurden.

Bitterkalt

Die Winterlandschaft genießen, nach einem Spaziergang in der Kälte nach Hause kommen, einen heißen Tee trinken, etwas Warmes essen, sich die warme Decke bis über die Nase ziehen. Wie gut es uns in bitterkalten Tagen geht!

Bei der Caritas in Wien ruft ein älterer Mann an. Er ist nur schwer zu verstehen, man könnte auch sagen, er lallt. »Ich bin nicht betrunken«, verrät er der Mitarbeiterin, »ich bin behindert, deshalb fällt es mir schwer zu sprechen!« Und dann weiter: »Ich möchte helfen! Ich habe warme Wolldecken und auch einen Anorak für die Menschen, die bei dieser sibirischen Kälte im Freien schlafen, in Abbruchhäusern, in WC-Anlagen!« Die kein Dach überm Kopf haben und keines für die Seele.

Die Caritas hat Hochbetrieb, eine Abholung der Sachspenden ist daher nicht möglich. »Wissen Sie was?«, sagt der behinderte Mann am Telefon, »ich organisiere mir einen Behindertenfahrtendienst, dann komm ich ein bisschen raus und bringe die Sachen direkt vorbei!« Menschen wie dieser Mann machen eines klar: Menschlichkeit war noch nie eine Frage von Geld, von Möglichkeiten, auch nicht von Temperaturen. Es ist immer eine Sache des Herzens.

Frauenfrage

Im September 2005 hatte ich die Möglichkeit, beim Waldzell Meeting Tenzin Palmo persönlich kennenzulernen. Die Tochter eines britischen Fischhändlers entschloss sich, einen ungewöhnlichen Lebensweg zu gehen: Zwölf Jahre lang verbrachte sie einsam und alleine in einer Höhle in Indien. Heute führt die buddhistische Nonne ein Kloster in Nordindien, in dem sie tibetische Flüchtlingskinder betreut und ihnen eine Ausbildung ermöglicht. Zwölf Jahre alleine in einer Höhle. Ohne Bett. Ohne Fernseher. Ohne Partner, ohne Kinder. Ohne Familie und Freunde. Zwölf Jahre. 4380 Tage. 105 120 Stunden. Zeit, um alleine mit sich selbst zu sein. Zeit, um mit sich ins Reine zu kommen, sich den großen, den wichtigen, den eigentlichen Fragen des Lebens zu stellen. Ein außergewöhnlicher Lebensweg, eine starke Frau.

Sie sitzt im Kolomanisaal im Stift Melk an einem Tisch mit dem Medizin-Nobelpreisträger Christian de Duve, dem Schriftsteller Paulo Coelho, dem Stararchitekten Thom Mayne, dem Genforscher Craig Venter, dem Systemforscher Peter Senge, dem Rabbi Jonathan Wittenberg, dem Dirigenten Franz Welser-Möst und dem Quantenphysiker Anton Zeilinger. Und was sagt sie? »Ich hatte Angst vor diesem Treffen, wusste nicht, ob ich diesen Männern gewachsen bin, ob ich ihren Ausführungen folgen kann und so wie sie Wichtiges erzählen kann! Einfach: ob ich die Richtige bin!« Eine Frage, die sich in diesem Leben, auf dieser Welt nur Frauen stellen. Das aber zuverlässig. Kein Mann in so einer Runde würde auch nur einen Moment an sich zweifeln. Diese Frau hat alles erlebt an spiritueller Weitsicht, an intellektueller Perfektion, an menschlicher Größe. Aber der tiefe Zweifel der Weiblichkeit scheint wie ein Stachel genetisch in uns verankert zu sein.

Ich möchte es hinausschreien an alle Frauen, die das lesen. Ich will es ihnen unter das Kopfkissen legen. An jede Wand schreiben: Ja, du bist richtig! Ja, du bist gut! Ja, du kannst es! Du kleine, große Frau …

Schokoengel

Im Kaufhaus Tyrol in Innsbruck kann man bis Weihnachten einen ganz besonderen Engel bewundern: einen Engel im Rollstuhl, geschaffen zugunsten von Marianne (H)engel und ihren Aktivitäten für Menschen mit Behinderung rund um das Elisabethinum, eine wertvolle Einrichtung für schwerbehinderte Kinder. Die Konditorenmeister und Berufsschullehrer der TFBS St. Nikolaus Christian Kaltenbacher und Jürgen Innerbichler haben zusammen mit 20 Lehrlingen mehr als 25 Stunden daran gearbeitet, 9 Kilogramm Schokolade wurden verarbeitet. Jedes Detail wurde liebevollst gestaltet, kein anderes Material verwendet, Räder, Flügel, Zöpfe, Körper, jede winzigste Verzierung aus purer Schokolade! »Amora« wurde er getauft, der Engel der selbstlosen Liebe.

Dieses besondere Stück, das später versteigert werden soll, wurde der Öffentlichkeit präsentiert. Große Kinderaugen bestaunten den Schokotraum, Fotografen, Kaufhausbesucher waren gekommen, als das Unglück geschah: Der Flügel aus weißer Schokolade war plötzlich abgebrochen! Der Konditormeister wusste Rat, rührte schon die Schokomasse, um das Missgeschick zu korrigieren. Doch noch bevor der Flügel angeklebt wurde, war klar: Der abgebrochene Flügel macht aus einem Weihnachtsengel von vielen erst einen ganz besonderen Engel, und der Schokorollstuhl wird ihm helfen, sein Handicap zu überwinden, weil er mit einem Flügel ja nicht fliegen kann. Der Tiroler Schokoengel im Rollstuhl lässt uns begreifen, welche Besonderheit eine Behinderung sein kann. Das ist bei Engeln so. Und bei Menschen.

Spitzenmedizin

»Man kann es aber auch anders erleben ...«, schrieb Freda Meissner-Blau in einem Brief, bezugnehmend auf kritische Schlagzeilen über das Wiener Allgemeine Krankenhaus. Die legendäre Grünen-Politikerin, Bundespräsidentschaftskandidatin, Pionierin der Ökologiebewegung – die wahrlich nicht in Verdacht steht, ein unkritischer Geist zu sein – musste immer wieder mit schweren gesundheitlichen Problemen kämpfen. Sie kam ins AKH, »wohlgemerkt, ich bin nicht privat versichert und eine Patientin wie jede andere!«

Der lebensrettende Eingriff lag schon einige Jahre zurück, aber so etwas vergisst man nicht. Sie erinnerte sich: »Mir wurde durch einen rechtzeitigen, dramatischen Eingriff von Spitzenärzten, Spitzentechnik und großem Einsatz in der Pflege das Leben gerettet! Angesichts eines solchen Geschenks zählen danach kleine Ärgernisse nur wenig.« Einige Jahre später erlitt sie einen schweren Unfall mit 14 Brüchen an Füßen und Beinen. »Die Chance, wieder gehen zu können, war gleich null.« Nach Monaten in der Unfallchirurgie gelang das Unerwartete, »und ich empfinde große Dankbarkeit und Respekt für die medizinische, organisatorische und wissenschaftliche Leistung und Hilfe für tausende Menschen«.

Es war ein Brief von vielen, die mich erreichen, in denen dankbare Patienten ihre Ärzte, Schwestern, Pfleger loben. Spitzenmedizin aus Österreich. Denn bei allen Missständen sollte man nie übersehen, was geleistet wird. Das zählt!*

* Freda Meissner-Blau starb am 22. Dezember 2015.

Rolihlahla

Wenn man heute in der Welt nach einer moralischen Instanz sucht, fallen einem nicht viele Namen ein. Er ist diese weltberühmte Persönlichkeit, die uns Vergebung gelehrt hat, die für unermüdlichen Kampf, politischen Scharfsinn und ungebrochene Menschlichkeit steht: Nelson Mandela. Geboren wurde er als Rolihlahla Mandela. »Rolihlahla« bedeutet »Unruhestifter«, wörtlich »am Ast eines Baumes ziehen«. Und das tat er. Bis er dafür ins Gefängnis kam. 46664 war Mandelas Nummer als Häftling in Robben Island. Insgesamt 27 Jahre saß er dort für seine Überzeugungen. Er nutzte selbst diese Zeit, um zu studieren, politische Debatten zu führen. Das Gefängnis erhielt sogar den Beinamen »Mandela-Universität«.

Aus dem Häftling Nummer 46664 wurde schließlich der erste schwarze Präsident Südafrikas, der sich selbst bei der Verleihung des Friedensnobelpreises 1993 als »gewöhnlichen Menschen, der unter außergewöhnlichen Umständen zu einem politischen Führer geworden ist« bezeichnete. Rachegelüste waren ihm fremd. Der weißhaarige Mann mit dem gütigen Lächeln wollte eine »Regenbogennation« für alle. Schwarz und Weiß, Einheimische und Fremde. Eine Vision, die immer wieder herbe Rückschläge erlitt. Sein Leben gibt uns aber Auskunft darüber, dass nichts so bleiben muss, wie es ist. Alles ist möglich, auch das Unmögliche: »Wenn man ein Herz berührt, ist jeder fähig, sich zu verändern«, sagt Mandela.

Rolihlahla fehlt dieser Welt.

Leben ist ...

Sogar in den Weltnachrichten wurde zu Jahresbeginn 2016 darüber berichtet: Superadler Gregor Schlierenzauer hat die Saison frühzeitig beendet! Experten wurden befragt, woran es wohl liegen mag, dass der nach Weltcupsiegen erfolgreichste Skispringer derzeit kein Überflieger ist. Sind es die falschen Betreuer, ist es das Material, eine private Krise oder das viel beschworene »System« der Skispringer, das aus den Fugen geraten ist? Fehlt die Leidenschaft für den Sport, die »bright eyes«, diese strahlenden Augen, die ein früherer Trainer einmal als Erfolgsmerkmal ausgemacht hat? Mit gesenktem Kopf und traurigem Blick zieht der junge Mann ausgerechnet an seinem Geburtstag in die Pause. Und vielleicht liegt gerade darin eine besondere »Geburtsstunde«. Man muss kein Skisprungtrainer sein, auch kein Psychologe, es ist viel einfacher! Was es ist? Es ist das Leben! Das ganz normale, einfache Leben. Da ist gar nichts Spezielles dran, das ist gar nicht außergewöhnlich.

Das Leben sieht nicht nur Erfolge vor, für nichts und niemanden. Das Pendel braucht die Ausgleichsbewegung. Wir richten das Scheinwerferlicht auf die Besten, Schnellsten, Schönsten, Reichsten, auf die, die am weitesten springen. Und schaffen uns damit eine Welt, die es gar nicht gibt.

Danke, Gregor Schlierenzauer, für die großen Triumphe, fürs Mitfiebern, Mitjubeln, vor allem fürs Mitfreuendürfen! Und danke für die vielleicht sogar noch viel wichtigere neue Lektion, die uns daran erinnert, was das Leben ist!

Großer Lehrer

Eine Weihnachtsgeschichte: Der zehnjährige Mohammad flüchtete mit seiner Mutter und seinem Onkel aus Syrien, am Weg nach England kam seine Mutter in Frankreich bei einem Unfall ums Leben. So kam er zu Verwandten in Österreich. Er lebt mit seinem Onkel in Wiener Neustadt, an allen Ecken und Enden fehlt das Geld. Bald brauchte Mohammad winterfeste Schuhe. Das erzählte er einem Schulfreund. Und dieser Freund, Jimmy Marton-Lindenthal, wurde aktiv. Er nahm sich kurzerhand ein Kochbuch von Jamie Oliver zur Hand, suchte ein Keksrezept aus und begann zu backen. Mit den fertigen Keksen zog der Schüler durch die Stadt und verkaufte sie, um Geld für Mohammad zu sammeln. Aufgrund der großen Nachfrage halfen bald auch andere mit. Mohammad bekam seine Winterschuhe.

Und doch ist das nicht das Ende der Geschichte. Jimmys Mutter Anna Katharina postete auf Facebook beschämt: »Ich habe sogar ein bisschen ein schlechtes Gewissen. Denn Jimmy musste erst mal mich überzeugen, da ich anfangs skeptisch war, ob so eine kindliche Idee zur Solidarität funktionieren kann. Großartig, wie er uns allen gezeigt hat, wo ein Wille, da auch ein Weg. Ich bin echt stolz auf dich, Jimmy!« Eine Keksaktion kann freilich nicht alle Probleme lösen, aber Mohammads Freund hat es einfach begriffen. Neben mir lebt jemand, der keine Schuhe für den Winter hat. Also muss ich etwas tun. Großartig! Naiv? Mit Naivität alleine werden wir die Welt nicht besser machen. Aber ohne Naivität geht's ganz sicher nicht! Wie sang einst Herbert Grönemeyer so treffend: »Gebt den Kindern das Kommando …!«

»Allen Veränderungen, selbst jenen, die wir ersehnt haben, haftet etwas Melancholisches an; denn wir lassen einen Teil von uns selbst zurück; wir müssen in einem Leben sterben, ehe wir ein anderes beginnen können.«[7]

ANATOLE FRANÇOIS THIBAULT, LYRIKER, KRITIKER UND HISTORIKER

Kapitel 3 | Ich möchte mein altes Leben zurück!

Seit vielen Jahren – seit meiner Arbeit mit *help tv* und besonders jetzt als Ombudsfrau – vertrauen mir Menschen ihre Probleme, Sorgen und Nöte an. In all diesen Briefen, E-Mails, Gesprächen ist sehr konkret abzulesen, was Menschen bewegt, bedrückt, sorgt. Tausende Briefe habe ich in dieser Zeit bekommen, und manchmal habe ich das Gefühl, ich kenne mittlerweile alle nur möglichen Problemstellungen. Und dann kommt wieder eine Geschichte mit ganz neuer Wendung. Jedes Leid bleibt individuell, persönlich. Und bei jeder Geschichte gilt es, ganz genau hinzuschauen, um den Kern zu erkennen.

Ich erinnere mich deutlich an einen Brief, der mich besonders berührt hat, eine Geschichte von Gewalt und Verzweiflung, die wie so oft rosarot begonnen hatte: Boy meets girl … dann kam das ersehnte Kind, über ihre berufliche Zukunft hatten sich die Eltern jedoch keine Gedanken gemacht. Arbeitslosigkeit, Frust, Aggression, Alkohol, Gewalt. Sie nimmt ihr Kind und zieht ins Frauenhaus, ein Dach überm Kopf und eines über der Seele, und schreibt: »Ich brauche kein Geld, ich will keine Therapie, keine Intervention – ich will doch nur mein altes Leben wieder zurückhaben.« Trotzig, bestimmt, so als hätten wir ein Recht auf »unser altes Leben«.

Und doch kann ich Menschen verstehen, die »ihr altes Leben« zurückhaben wollen, das Leben vor dem Streit, vor der Krankheit, vor der Scheidung, vor dem Unglück, vor dem Scheitern, vor dem Verlust. »Oft ist zunächst unmittelbare Hilfe notwendig. Darüber hinaus gilt es aber grundsätzlich darüber nachzudenken, was Menschen helfen kann, damit sie Gefühle der Überforderung, Ohnmacht oder Angst in persönlicher oder sozialer Not bewältigen können, um nicht in der Opferrolle zu verharren oder chronisch krank zu werden. Doch wie gelingt Veränderung?«[8]

»Nichts macht Menschen mehr kaputt als die Unfähigkeit, sich aus unhaltbaren Verbindungen zu lösen. Sich selbst zu erlösen. Diese Erlösung ist, meine ich, die einzige, die zählt. Zumindest, solange wir auf irdische Weise am Leben sind«, hat mir Schauspielerin und Autorin Erika Pluhar einmal im Interview gesagt. Wir klammern uns fest an dem, wie es war. Besser ein bekanntes Unglück als ein unbekanntes Glück.

»Wer loslässt, hat beide Hände frei«, sagt das Sprichwort oder »Wenn der Wind des Wandels weht, bauen die einen Schutzmauern, die anderen bauen Windmühlen«. Doch wer die Hände frei hat, hat auch nichts, woran er sich anhält und Schutzmauern können ein lebenswichtiges Bauwerk sein, werden jetzt manche entgegnen. Wann stimmt die eine, wann die andere Überlegung? Ein Balanceakt. Und wann ist der richtige Zeitpunkt für Veränderung? Heute, morgen, nie?

Dazu ein Bild aus der griechischen Mythologie: Glücksgott Kairos verkörpert den günstigen Zeitpunkt. Und er erinnert daran, dass dessen ungenutztes Verstreichen überaus nachteilig sein kann. Dargestellt wird dieser sportive griechische Gott meist als junger Mann mit rasiertem Schädel, aber üppigem Haarschopf an der Stirn. Die Symbolik ist leicht zu deuten: Wenn uns Kairos durch sein Erscheinen die Gunst der Stunde erweist, gilt es, die Gelegenheit am Schopf zu packen. Zögern und zaudern wir aber und verpassen den Moment, so entwischt uns Kairos. Kairos trägt Flügel an den Füßen, ist entsprechend flink, und wer ihn zu lange anschaut, ohne zu handeln, hat seine Chance vertan. Kairos trägt die Zeit in Händen. Und er wägt sie ab. In Darstellungen weist seine rechte Hand auf die sinkende Waagschale der Zeit hin, mit seiner linken balanciert er die Waage selbst, auf einer Klinge. Wohl um uns zu demonstrieren, an welch entscheidend heiklem Punkt unserer Zeit wir stehen: auf Messers Schneide.

Einfach verharren, nicht bewegen, totstellen, warten, bis alles »von selbst« vergeht, oder mutig voranschreiten? Sich »behandeln« lassen oder handeln? Reagieren oder agieren? Fragen, vor denen jeder Einzelne von uns steht, wenn berufliche Unzufriedenheit, privater Kummer oder gesundheitliche Last drücken. Oft warten wir lange, zu lange, bis »etwas« geschieht. Um dann verzweifelt festzustellen, dass wir das »so« doch gar nicht wollten!

Ähnliche Überlegungen gelten auch für die Gesellschaft, in der wir leben, deren Teil wir sind. Auch hier, scheint es, warten wir zu, bis »etwas« passiert, bis es einfach nicht mehr anders geht, als einen anderen Weg einzuschlagen, ein anderes Leben zu führen. Und wir stehen vor großen Veränderungen, die es gilt, zuzulassen, um sie zu gestalten! Der Künstler Joseph Beuys hat einmal gesagt: Die Zukunft, die wir wollen, muss erfunden werden. Sonst bekommen wir eine, die wir nicht wollen. Das ist Appell an jede und jeden Einzelnen von uns.

Die politische Lage spitzt sich weltweit immer mehr zu. Krieg, Unterdrückung, Protest, Armut, Flüchtlinge und Überwachung, alles ganz nah und alles immer schneller. Wird die Europäische Union zerbrechen? Werden Populisten vom äußersten Rand, die die falschen Antworten auf richtige Fragen haben, weiter an Zulauf gewinnen? Wir stehen vor großen Herausforderungen, die Arbeitswelt 4.0 wird Millionen von Jobs kosten, der Flüchtlingsstrom hält an, die Mittelschicht verliert an Boden, die sozialen Spannungen wachsen. Gewalt, Terror, Separatismus und Nationalismus haben Konjunktur. Es scheint, als säßen wir auf einem gesellschaftlichen Pulverfass, dessen Lunte langsam dem großen Knall entgegenbrennt.[9]

Die sich verschärfende wirtschaftliche Lage, die zunehmende Kluft zwischen den Mächtigen, den »Eliten«, und der Bevölkerung und eine grundlegende Unzufriedenheit mit den gesellschaftlichen Verhältnissen reicht tief in unser Alltagsleben. Doch wie dem entgegnen? Ist es Zeit für Widerstand und Revolution? Oder ist der »Kampf« ein altes Konzept und vielleicht sogar kontraproduktiv? Was macht all das mit mir? Kann ich zulassen, das wirklich zu fühlen? Wie antworte ich darauf? Schließe ich meine Augen wieder? Renne ich hinaus auf die Straße und kämpfe? Machen Demonstrationen und Petitionen Sinn? Müssen wir radikaler werden? Oder verständnisvoller? Müssen wir mehr diskutieren? Oder einfach mehr zuhören? Wie können wir die Risse in der Gesellschaft überwinden? Gibt es überhaupt eine richtige Antwort?

Wie schaffen wir, wie schafft jeder von uns Veränderung?

Das beginnt im Kleinen, mit sehr einfachen Fragen: Wie sehr bin ich mir selbst treu, jeden Tag? Bei dem, was ich tue, bei den kleinen Ungerechtigkeiten, die ich beobachte, den bettelnden Menschen, die mir begegnen, den Wahrheiten, vor denen ich mich verschließe? Steht das, was ich tue, sage, konsumiere, entscheide in Einklang mit meinem tiefsten Wissen? Wo mache ich einfach mit und übergehe mein Gefühl, dass etwas falsch ist? Wo bin ich still, wenn ich schreien möchte? Wo sehe ich weg, wenn ich handeln will?

Politik erscheint mitunter als der Versuch, auf äußeren Ebenen zu erzwingen, was nur im Inneren zu erreichen ist. In einer Gesellschaft, die ihr Heil in äußeren statt in inneren Errungenschaften sucht, interessieren sich erwartungsgemäß mehr Menschen für Politik als für seelische Entwicklung. In einer Zeit, die fast bedingungslos an die äußere Machbarkeit der Dinge glaubt, wird es zudem schwierig, einen Ausweg zu finden, auch wenn allmählich mehr Menschen spüren, dass etwas nicht stimmen kann. Die Situation gleicht einem mit Menschen überfüllten Raum, in dem alle gegen die Tür drücken, um einen Ausweg zu suchen, und nicht auf die Idee kommen, dass die Tür nur nach innen zu öffnen ist.

Ähnlich naiv wie Mediziner, die Rauchern schlicht und einfach empfehlen, den Konsum von Zigaretten aufzugeben, da ansonsten schreckliche gesundheitliche Konsequenzen drohen, stehen wir heute vor vielen Problemen. Zum Beispiel wie wir mit der Umwelt umgehen: Umwelt- und Klimagipfel setzen fest, dass einzelne Länder aufhören sollen, die Atmosphäre mit Schadstoffen zu belasten. Dies funktioniert jedoch nicht, da die konsum- und energiesüchtig gewordene Gesellschaft auf nichts verzichten will. In gewisser Hinsicht hat sie recht, denn ersatzloser Verzicht ist keine Lösung. So wie der Raucher für seine Sucht ein anderes Ventil finden muss, ist es generell notwendig, die Sehn*süchte* beizubehalten, sie aber in neue Richtungen zu lenken.[10]

Um Veränderung zuzulassen, scheint es hilfreich, sich auf das zu stützen, »was ist«. Den Blick darauf richten. Was hält mich, wenn ich falle? Was passiert, wenn ich eine mutige Entscheidung treffe? Das Gute im Leben anerkennen. Sich darauf zu konzentrieren, ist eine lohnende Aufgabe für Seelenhygiene und Lebensfreude. Auf der Insel Okinawa in Japan werden die Menschen so alt wie sonst nirgendwo auf der Welt. Neben gesundem Essen, viel Gemüse und Fisch, und einer entsprechenden Lebensweise gibt es dort noch eine Weisheit: »Ikigai« nennen es die Bewohner, was so viel bedeutet wie »etwas zu haben, wofür es sich morgens aufzustehen lohnt«. Damit kann man alt werden. Dem Anerkennen folgt das »Erkennen« und damit der Weg in ein neues Leben, getragen von Veränderung.

Wofür lohnt es sich in meinem Leben,
morgens aufzustehen?

Auf welche persönliche Veränderung in
meinem Leben bin ich stolz?

Nach welcher Veränderung in meinem
Leben sehne ich mich?

Andersrum

Seit vielen Jahren habe ich auf den Steinhofgründen in Wien meine liebste Laufstrecke. Das ist eine wunderbare Wiesen- und Parkanlage im 16. Bezirk, und hier drehe ich meine Runden. Ich bin ein Gewohnheitsmensch, auch beim Sport mag ich gewisse Rituale: So laufe ich meine Runden immer gegen den Uhrzeigersinn. Irgendwann hab' ich das begonnen, und jetzt ist es so. Wenn ich in meine Richtung laufe, kenne ich jedes Teilstück, jeden Blickwinkel, jede Biegung – ich weiß, wo ein Baum ganz große Wurzeln in die Erde gräbt, welcher Stein bei Regen besonders rutschig ist, in welcher Kurve ich achtgeben muss, bei welcher Steigung mein Herz beginnt, besonders schnell zu pochen. Wahrscheinlich könnte ich diese Strecke sogar mit verbundenen Augen laufen. So gut kenne ich sie – in diese eine Richtung.

Es war eine ganz spontane Entscheidung, aus dem Nichts geboren, ohne Grund, ohne Notwendigkeit – einfach eine Laune. Letzte Woche entschloss ich mich zum ersten Mal in meinem Leben, meine wohlbekannte Laufstrecke einmal in der anderen Richtung zu laufen, also im Uhrzeigersinn. Entgegenkommende Läufer haben mich wohl dazu inspiriert. Und – was geschah? Ich entdeckte eine völlig neue Gegend! Nichts, aber auch gar nichts, war mehr so, wie ich es kannte. Ich musste mich völlig neu orientieren, denn bei meinen Steigungen ging es jetzt bergab, jede Rechtskurve neigte sich links, und Bäume, Wiesen sehen aus der anderen Richtung völlig anders aus. Ein Wink des Schicksals?

Drehen Sie Ihr Leben einfach einmal um. Sehen Sie es von der anderen Seite. Wenn das zu kompliziert ist, ändern Sie die Laufrichtung. Das wird Ihnen völlig neue Eindrücke bringen – vielleicht wird sich sogar eine neue Welt auftun!

Seitenwechsel

Am 4. Februar feiert Facebook Geburtstag. Das soziale Netz-werk hat seine Vorteile und seine Tücken, die oftmals disku-tiert werden. Ich möchte mit einem Beispiel gratulieren, das zu den erfreulichen Entwicklungen der Facebook-Welt gehört. Ein 25-jähriger Obdachloser gibt auf Facebook Ein-blick in sein Leben. Ein Jahr lang war der Mann als »Vinzi Gast« selbstständig im Lebensmittelgroßhandel tätig, bis er seine Rechnungen nicht mehr zahlen konnte und in eine Notschlafstelle musste. »Als ich dort reinkam und die Leute am Boden schlafen sah, und der Geruch dort und die Geräu-sche – ich habe mir gedacht, ich bin in der Hölle gelandet«, erzählt der junge Mann.

Initiiert hat das Facebook-Projekt VinziRast, eine Einrich-tung, die sich um Obdachlose kümmert und den Mann betreut. Einblicke in ein Leben, das viele nicht kennen. »Letz-ten Endes dient es der Idee, dass mehr und mehr Menschen in unserer Gesellschaft verstehen, wie es obdachlosen Perso-nen geht. Denn wenn man das Gefühl von Geborgenheit und einer intakten Familie nicht erlebt hat, dann fehlt einem wirklich sehr viel. Und dann müssen wir uns halt bemühen, sie vom Rand reinzuholen«, sagte Cecily Corti, Leiterin der VinziRast.

»Jetzt wünsche ich mir als Erstes eine Arbeit. Und dann im Leben neu zu starten und eine Wohnung«, sagte der junge Mann. Die Welt einmal aus der Sicht eines anderen betrach-ten, dieser Seitenwechsel kann oft wahre Wunder wirken! Social Network, echt sozial!*

---

* Der junge Obdachlose starb im August 2014 an den Folgen ihm zuge-fügter schwerer Kopfverletzungen.

Lebensträume

»Ein neues Leben«, das waren die ersten Worte von Kerstin F., nachdem sie aus dem künstlichen Tiefschlaf geweckt wurde. Der Arzt erzählte davon mit zitternder Stimme, so sehr hat ihn dieser Moment bewegt. Hunderte Briefe und E-Mails bekam die Familie, Worte der Ermutigung, des Trosts, der Unterstützung und der Anteilnahme. »Ja, ein neues Leben« wünsche ich ihnen. Ein wirklich freies, selbstbestimmtes Leben, in dem die dunkle Erinnerung irgendwann weniger wichtig als die neue Zukunft wird. Kerstin wird wieder ganz gesund, die Ärzte sind zuversichtlich.

Eine Schifffahrt und ein Konzert von Robbie Williams. Das sind die Wünsche eines Mädchens, das 19 Jahre unter der Erde, eingesperrt in einem Keller, verbracht hat. Wie oft haben seine Lieder ihr wohl in schweren Stunden geholfen? Eine Schifffahrt und Robbie Williams – das müsste doch hinzukriegen sein. Bis dahin gilt es, sich an das neue Lebenstempo zu gewöhnen. Langsam. Schritt für Schritt. Welches Lebenstempo ist schon das »richtige«?

Kerstins jüngster Bruder – erzählen die Ärzte – liebt es, einfach in den Himmel zu schauen und den Wolken dabei zuzusehen, wie sie vorbeiziehen. Warum also nicht in den Himmel schauen und Robbie Williams hören. Come and hold my hand/I wanna contact the living/Not sure I understand/This role I've been given. I sit and talk to God/And he just laughs at my plans/My head speaks a language/I don't understand. (…) I just wanna feel real love/Feel the home that I live in. I got too much love/Running through my veins/Going to waste. (…) I just wanna feel real love/And the love ever after. There's a hole in my soul/You can see it in my face/It's a real big place …

Schweigen

Unbeschwerte Sommertage. Die Nachricht, dass im Juli bereits 22 000 Blitze in Österreich eingeschlagen haben, Unwetter halten das Land und Tausende Einsatzkräfte im Griff. Regen, Sturm, Donner und Blitz, Überschwemmungen, Verwüstungen und überall Menschen, die zusammenhelfen. Doch alle sind, Gott sei Dank, unversehrt und wohlauf.

Dann, wie ein Blitz, die Nachricht von einem neuen Anschlag. Diesmal in Nizza, eine Flugstunde entfernt. 84 Tote, darunter zehn Kinder. Menschen, die unbeschwerte Sommertage in einer wundervollen Stadt verbracht haben. An diesem Tag der Unabhängigkeit, Brüderlichkeit, Freiheit. *Allons enfants de la Patrie, Le jour de gloire est arrivé!* Auch hier Hunderte Menschen, die in der Not helfen, Rettungssanitäter, Ärzte, Polizisten, Psychologen, die sich um die Opfer, die Verletzten und Familienangehörigen kümmern. Menschen, die den Geschockten und Trauernden die Hand halten, sie in den Arm nehmen, für sie beten.

Was kann jeder von uns beitragen, um solche Anschläge zu verhindern? Vermutlich nichts. Aber wie können wir mehr Liebe, mehr Frieden, mehr Gerechtigkeit, mehr Freiheit, mehr Sicherheit, mehr Bildung, mehr Chancen in die Welt bringen? Was kann jeder von uns tun, damit unsere Kinder ein gutes Leben in Sicherheit haben? »Frage Dich in jeder schwierigen Situation: ›Was würde der stärkste, mutigste, liebevollste Teil meiner Persönlichkeit jetzt tun?‹ Und dann tue es. Tue es richtig. Und zwar sofort.« (Dan Millmann) Wir können nicht immer verbessern, verändern, aber wir können es versuchen, im Kleinen und manchmal im Großen.

Entscheidung

»Ich habe eine Entscheidung getroffen!«, sagt mein Kollege N. dieser Tage mit ernster Miene. Ich setze mich nieder und schaue ihn erwartungsvoll an. Gefasst auf die Tragweite der Situation. Was hat er mir mitzuteilen? Will er aussteigen? Den Beruf wechseln? Sein Leben ändern? Er schaut mich an, atmet tief durch und setzt fort. »Ich habe den Entschluss gefasst, diesen Frühling richtig zu genießen!«, teilt er mir mit einem breiten Grinsen mit.

Ich sinke in den Stuhl. Schaue aus dem Fenster. Spüre mit einem Mal die Sonnenstrahlen, die meine Nase kitzeln. Ja, der Frühling, meine liebste Jahreszeit! Der Duft dieser Zeit, die Kraft der Sonne und die Farben des Frühlings lassen uns für Momente selbst traurige Gefühle, furchtbare Nachrichten, schreckliche Geschehnisse, graue Gedanken vergessen. Jedes Jahr unglaublich, überraschend und doch so verlässlich. Mit dem Rollsplit auf den Straßen verschwindet das Grau und macht allen Farben Platz. Ein strahlendes, weißes Meer von Schneeglöckchen im Garten, gelbe Primeltupfer in der Wiese, Krokusse als knallige Farbtupfen, dottergelb, tiefviolett. Die Vögel zwitschern um die Wette, die Eichhörnchen wieseln geschäftig durch die Baumkronen. Sogar die Magnolien beginnen schon zu blühen, hellrosa Blüten und weiße. Dieses Blühen sehen, erkennen und darauf vertrauen, dass sich immer wieder alles wendet, auch zum Guten. Sich entscheiden, den Frühling zu genießen – was für ein weiser Entschluss!

Abschalten

Ich hatte letzte Woche das Vergnügen, im Wartezimmer eines Arztes ein Gespräch mit einer 95-jährigen Dame zu führen. Irgendwann fragte ich sie, was denn der größte Unterschied sei zwischen den Tagen ihrer Kindheit und einem heutigen Kinderleben. Ihre Antwort hat mich verblüfft: »Heute«, meinte sie, »besteht doch das ganze Leben nur mehr daraus, auf irgendwelche Knöpfe zu drücken!« So hatte ich das noch nie betrachtet.

Aber sie hat recht: Wenn es finster wird, dann drücken wir eben den Lichtschalter. Ein/Aus. So einfach geht das. Auf Knopfdruck holen wir uns die ganze Welt nach Hause, drehen das Radio auf, das Fernsehgerät. Ein/Aus. Computer, Spielkonsole, Wecker, ein Knopfdruck genügt. Selbst Spielzeug funktioniert heute nach diesem Prinzip, ob Feuerwehrauto, Laserschwert oder Babypuppe – einfach den entsprechenden Knopf drücken, und die Puppe schreit, weint oder macht in die Windel. Ob wir den Herd aufdrehen, um etwas zu kochen, den Geschirrspüler einschalten, damit das Geschirr wieder sauber wird, Multifunktions-Küchengeräte, Stabmixer, Püriermaschine – ein/aus. Wer telefonieren will, drückt die nötigen Knöpfe, im Büro entkommt man der Knopfdruck-Manie gleich gar nicht mehr: Drucker, Kopiergerät, Scanner, Fax. Ein/Aus bestimmt unser ganzes Leben. Plötzlich bekam für mich die Formulierung »abschalten« eine ganz neue Bedeutung. Sein Leben nicht auf Knopfdruck zu führen, ja, das gab es einmal, das war wirklich möglich, und es soll sehr schön gewesen sein, erzählte mir die Zeitzeugin. Schalten Sie ab, wenigstens ein paar Minuten lang. Und es könnte sogar sein, dass Ihnen dabei ein Licht aufgeht!

Verwurzelt

Es geschah vor einigen Jahren, am Tag vor seinem Geburtstag. »Mein Schwiegervater wählte den Freitod, bis heute stellt sich die Frage, warum?«, schreibt mir Brigitte Wilfing aus Kroisbach. Verzweiflung, Trauer und Schmerz. Ohne Abschied ist er einfach gegangen. Als Zeichen der Verbundenheit, aber auch als Symbol, dass das Leben weitergeht, hat Frau Wilfing direkt am Ort des Geschehens – eine ruhige, schöne Stelle am Badeteich – einen Baum gepflanzt. Einen rotblättrigen Blutahorn, von der Firma Loidl in Kaindorf. Der Baum wurde gesetzt, gegossen, seine Blätter leuchteten rot in der Sonne – bis zum ersten Winter, der Baum erfror. Enttäuscht und traurig wandte sich Frau Wilfing an die Firma, erzählte von der besonderen Bedeutung dieses Baumes. Der Chef der Firma war so berührt von der Geschichte, dass er sich selbst um die Entfernung des alten Baumes kümmerte, um Neupflanzung und Pflege eines neuen, professionell, verständnisvoll, alles gratis.

»Schon zwei Wochen später stand ein neuer Baum dort, Juteband um die Rinde, neue Erde und sogar die Rasenkantensteine waren ganz exakt verlegt, der kaputte Baum war entsorgt. Natürlich werden Pflanzen, die im neuen Jahr nicht mehr austreiben, von der Baumschule immer ersetzt, aber was ich erfahren durfte, war mehr als normale Kundenbetreuung, und das werde ich nie vergessen! Der Baum bringt mir meinen Schwiegervater nicht mehr zurück – aber ich hoffe, dass das Zeichen unserer Verbundenheit noch viele Jahre leuchten wird!«

50. Geburtstag

Heute vor 50 Jahren kam Sabine auf die Welt. Ein Sonnenschein schon als Baby, ausgeglichen, froh und genügsam. Mit 50 eine bewundernswerte, starke, selbstständige, strahlende Frau, eine der neuen 50er-Generation. Was macht man zu diesem Geburtstag? Feiern oder wegfahren, einfach übergehen oder sich still freuen, irgendwie kommt keiner darum herum: der 50. Geburtstag stellt eine besondere Zäsur im Leben dar. Man ist nicht mehr richtig jung, aber auch noch nicht wirklich alt. Es ist wohl die »gefühlte« Mitte des Lebens, die dieses Datum so spannend macht, im wahrsten Sinne des Wortes: Es ist eine Mitte voll Spannung, die dich am Leben hält! Du weißt, dass mehr als die halbe Wegstrecke vorüber ist, das Leben wird ein Ende haben, und doch bist du mittendrin, gespannt und neugierig, was noch alles kommen wird!

Im besten Fall erzeugt diese Spannung ein Gleichgewicht, einen wunderbaren Zustand der Balance, der einen schweben lässt. Du weißt mit 50, dass nicht alles so heiß gegessen wird, wie gekocht, du kennst deine wahren Freunde, du weißt, was wichtig ist im Leben und hast nicht immer die Zeit dafür, weil da noch so viel zu tun ist. Du weißt, was du willst und was du nicht mehr willst, du bist zu alt für Blödheiten und jung genug, sie immer noch zu machen. Du blickst zurück auf Lebensschätze, die nur dir gehören. Wie schön, wenn man diese Erinnerungen mit anderen teilen kann. Der 50er, ein Tag zum Innehalten, froh und dankbar für dein Leben! Heute ist Sabine 50. Wie schön, dass es dich gibt!

Rocky

Eigentlich war Gabriele Biribauer ein Leben mit Hunden wohlvertraut, denn sie ist mit ihnen schon als Kind aufgewachsen. Aber dann kam das eigene Leben, der eigene Haushalt, und da steht Sauberkeit an oberster Stelle. »Ich hatte einen richtigen Putzfimmel, deshalb kam mir ein Hund nicht ins Haus, die Haare, der Schmutz …!«

Bis sie eines Abends in der Zeitung ein Inserat vom Gnadenhof in Lochen las, und auf der Homepage das Foto von Rocky sah. Es war ein besonderer Moment, denn der Jack Russell Terrier blickte tief in ihr Herz. Der Hund hat ein schlimmes Schicksal, kam völlig verwahrlost vom Vorbesitzer, ein Würgehalsband war bereits so tief eingewachsen, dass es nur mit einem Seitenschneider entfernt werden konnte. Seit damals ist alles anders. »Ich bin kein Morgenmensch, aber seit Rocky da ist und mich bereits in aller Früh freudig empfängt, kann ich gar nicht grantig sein!« Und das geht den ganzen Tag so weiter. »Wegen Rocky mache ich jetzt mit meinem Freund regelmäßige Spaziergänge, durch Rocky komme ich mit Menschen aus meiner Gemeinde ins Gespräch, die ich vorher nur gegrüßt hatte, sogar meine Schwester sagt, dass ich glücklicher und entspannter bin, seit ich den Hund habe. Rocky ist eine große Bereicherung für unser Leben, oft schaut er mich an als wollte er Danke sagen, dabei bin ich es doch, die sich bei ihm zu bedanken hat!«

»PS: Das Putzen ist zur Nebensache geworden …«

Nie wieder

1961 hat der amerikanische Psychologe Stanley Milgram ein umstrittenes, aber bis heute weltweit bekanntes Experiment gemacht: Er zeigt, dass normale Menschen bereit sind zu töten – vorausgesetzt, es wird großer Druck auf sie ausgeübt. Damit wollte der Experte ursprünglich die Verbrechen der NS-Zeit psychologisch analysieren.

Die genaue Versuchsanordnung: Die Testpersonen wurden von vermeintlichen »Wissenschaftlern« angewiesen, einen festgeschnallten Menschen mit Stromstößen zu »bestrafen«, wenn dieser eine falsche Antwort auf Rechenbeispiele gibt. Als Erklärung gab man an, ein wissenschaftliches Experiment über die Lernfähigkeit von Menschen zu machen. Wider besseres Wissen und Gewissen taten fast alle, was ihnen vorgegeben wurde. Zum Glück waren die »Gefolterten« in Wahrheit Schauspieler, denn zwei Drittel der Testpersonen hätten sie mit Stromstößen von bis zu 450 Volt getötet!

2008, fast fünf Jahrzehnte später, wurde das Milgram-Experiment in Amerika wieder durchgeführt. Wie weit würden die Testpersonen diesmal gehen? Können ganz normale Menschen Grausamkeiten begehen, die man eigentlich nur krankhaften Sadisten und aufgehetzten Fanatikern zutraut? Wohl kaum, leben wir doch in einer Gesellschaft, die moderner, liberaler, informierter, humaner ist. Ein Ergebnis wie damals – undenkbar! Pflichtbewusstsein, Autorität, Gehorsam – mehr als 50 Jahre nach dem Krieg haben wir diese Begriffe doch neu erlernt! Das Ergebnis des Experiments 2008: Zwei Drittel der Kandidaten gehorchten den vermeintlichen Autoritäten, folterten bis zum Abbruch des Experiments. Sie hätten lediglich getan, was man ihnen aufgetragen hat. Liberaler, kritischer, emanzipierter? Im Ernstfall bleibt ein Drittel moralisch standfest, und zwei Drittel gehorchen. Nie wieder?

2014 durfte ich den 2. Inklusionstag moderieren. Dank dem Engagement der Österreichischen Lotterien kamen Hunderte Besucher zusammen, um über die Situation von Menschen mit Behinderung zu diskutieren. Spannende Gespräche, interessante Vorträge, beeindruckende Menschen. Es ist normal, verschieden zu sein, das ist der Kerngedanke von »Inklusion«. Und dabei immer sensibel zu bleiben für andere Lebenswelten, eine andere Sicht auf das Leben, andere Herausforderungen und Sorgen. Ungeahnte Stärken, Fähigkeiten, Leidenschaften, oft erst auf den zweiten Blick. Den Abschluss bildete die faszinierende Tanzperformance der »Ich bin O.K.« Dance Company (aus ihrem Programm *Getrennt vereint*, www.ichbinok.at). Behinderte und nicht behinderte Künstler arbeiten hier zusammen, zeigen anderen Bewegungen und eine ungeahnte Form von Lebensfreude. Berührend. Beeindruckend. Beneidenswert.

Nach meiner Verabschiedung kommt eine blinde Frau auf mich zu und ersucht mich mit liebevoller Strenge, ob es mir denn nicht möglich gewesen wäre, die Tänzer zu beschreiben. Ihr Aussehen, ihre Kleidung, ihren Ausdruck. Sie konnte schließlich nur die Musik wahrnehmen. Recht hat sie. Sensibel zu bleiben für andere Lebenswelten, es reicht einfach nicht, darüber zu reden. Es bleibt eine Aufgabe, jeden Tag, jede Stunde. Die Welt mit den Augen des anderen wahrzunehmen. Wie siehst du? Was siehst du? Danke!

Grenzgang

Das Thema der Grenzen beschäftigt uns. Welche Konsequenzen haben offene Grenzen? Wie können wir unsere Grenzen sichern? Zäune hochziehen, Mauern bauen? Grenzen zumachen? In diesen Tagen stoße ich in einem Artikel auf eine schöne Tradition, die es in manchen Gegenden gibt, auch von manchen Wandergruppen wieder belebt wird: der Grenzgang.

Alle paar Jahre werden bei einem solchen Grenzgang die Grenzen des Dorfes abgegangen – mitten durch den Wald, über steile Hänge und durch tiefe Täler. Meist kommen viele Bewohner zusammen, um dieser Tradition zu folgen, es ist ein Fest, ein Beisammensein. Grenzsteine finden neue Paten, und jeder, der dabei ist, sieht seine Heimat aus ganz neuen Perspektiven! In früheren Zeiten wurden solche Gänge auch als »Untergang« bezeichnet und waren zunächst regelmäßige Kontrollgänge zwischen Gemeindevertretern und Verantwortlichen der Anrainer; Grenzsteine wurden kontrolliert, die Grenzen gezogen. Bei den Grenzgängen sind immer viele Kinder dabei, denn die Kenntnisse über den Standort der Grenzsteine soll an die nächste Generation weitergegeben werden. Ich hatte noch nie von dieser Tradition gehört, doch sie gefällt mir.

Wie gut ist das, wie klug, regelmäßig die Heimat zu umrunden, die innere und die äußere. Wie wichtig, hin und wieder seine eigenen Grenzen abzugehen. Haben sie sich verschoben? Wo sind sie durchlässig geworden, wo habe ich Mauern errichtet? Wo komme ich her, wo will ich hin? Und wo stehe ich überhaupt gerade? Eine wertvolle Beschäftigung mit unseren Grenzen!

Lebenslicht

Michael ist 47 Jahre alt, steht mitten im Leben, hat einen Beruf, der ihn erfüllt und fordert, er ist seit 25 Jahren Krankenpfleger. Plötzlich sind da diese Kopfschmerzen, so schlimm, dass er schließlich das Spital aufsucht. Nach langen Untersuchungen die niederschmetternde Diagnose: mehrere Geschwüre im Gehirn, zahlreiche lebensbedrohliche Operationen am Kopf folgen, wochenlanger Tiefschlaf. Innerhalb kürzester Zeit wird aus dem engagierten Pfleger ein Pflegefall, auf die Hilfe anderer angewiesen. Der Spitalsbehandlung folgt ein langer Reha-Aufenthalt, doch irgendwann sind die Grenzen der Unterstützung erreicht: »Sie müssen Ihren Sohn nach Hause nehmen!«, heißt es dann, aber wie soll das gehen? Wenn nichts mehr so ist wie vorher? Die Pflege eines behinderten oder betagten Menschen bringt Angehörige oft an ihre Grenzen, körperlich, seelisch, finanziell.

Die Geschichte dieses jungen Mannes zeigt deutlich, wie schnell aus einem »Leistungsträger« der Gesellschaft, einem »sozialen Muskel«, ein hilfsbedürftiger Patient wird. Und hier sind wir gefordert, wenn Menschen krank, behindert, alt sind, wenn sie nicht mehr mitkommen mit dem Lebenstempo unserer Welt. Wie können wir deutlich machen, dass Pflegebedürftigkeit nicht nur mit Belastung gleichzusetzen ist, dass wir Menschen schätzen und brauchen, dass sie eine eigene Würde haben, wenn sie auf Hilfe angewiesen sind?

Andere Welt

Kürzlich hab ich ein großartiges Foto gesehen, eine Luftaufnahme eines Urwaldes, in dem ein Indianerstamm wohnt, der keine Verbindung zur sogenannten »zivilisierten« Welt hat. Einer der letzten unberührten Stämme, die es weltweit noch gibt. Irgendwo im Amazonasdschungel nahe der brasilianisch-peruanischen Grenze. Was mag das für ein Leben sein? Das mit dem Sonnenaufgang beginnt und mit dem Sonnenuntergang endet? Dazwischen Jagd und Fischfang. Ein kleines Dorf und bepflanzte Äcker. Die Welt endet an der nächsten Flussbiegung. Kein Strom, kein Fernsehen, kein Computer, kein Handy, keine Play Station. Keine Gesundheitsreform, keine Idee von Pension, keine Regierungskrise. Kein Auto, kein AKW-Alarm, keine Benzinpreissteigerung.

Eine Idee von Fußball? Vielleicht haben die letzten Dschungel-Insulaner ein ähnliches Spiel, mit einem runden Lianenknoten, nennen wir dieses Ding einfach »Ball«. Vielleicht spielen sie auf der freien Fläche hinter den Hütten. Mit bunter Körperbemalung, eigenen Gesten und besonderen Lauten. Vielleicht treffen sie bei diesem Spiel sogar auf einen anderen Stamm. Lachen, weinen, sind außer sich vor Freude, wenn das Tor gelingt. Das Runde muss ins Eckige – eine Weltidee, von denen es nur ganz wenige gibt.

Angst haben sie nur vor Blitz und Donner, vor dem seltsamen Monster am Himmel, gegen das sie ihre Pfeile und Speere richten, weil man ihnen ihre Seele rauben will. Und vor den Traktoren, den Baumfällern, die kommen, um den Regenwald abzuholzen. Das Zusammentreffen mit ihnen könnte Viren einschleppen, die das Immunsystem der Indios bedrohen, sagen die Wissenschaftler. Dabei sind die Krankheitserreger möglicherweise sogar die harmlosesten Boten der Zivilisation.

Frühsommerputz

Einmal im Jahr muss es sein. Der Stoß alter Zeitungen ist dabei, umzufallen. Alles wird aufgehoben: witzige Kommentare, pointierte Schlagzeilen, interessante Geschichten. Beim Durchforsten der alten Zeitungen begegnen sie mir alle wieder, schwarz auf weiß, manchmal auch bunt: all unsere Probleme des letzten Jahres. Naturkatastrophen, Flugzeugabsturz, Fettleibigkeit, Gewalt an den Schulen, komasaufende Kids, Rauchverbot, Arbeitslosigkeit, Armut und Reichtum, Scheidungsopfer, Pflegenotstand, Klimawandel, Kinderbetreuungsplätze, verdurstende Afrikaner in übervollen Booten, Amoklauf … Kann es sein, dass fast alle dieser Probleme ungelöst blieben? Traurig und betroffen stehe ich vor dem Zeitungspapierberg: Ist alles vergeblich? Verändert sich nie etwas zum Besseren?

Im letzten Zeitungsstoß fällt mir ein Kommentar von Zukunftsforscher Matthias Horx in die Hände, der vor dem Alarmismus unserer Tage warnt: Jede Woche eine neue Katastrophe ausrufen nutzt rein gar nix, die Menschen beginnen, eine Abwehrhaltung dagegen zu entwickeln. Dort lese ich noch ein Interview mit Schauspielerin Nina Proll, die sagt, dass sie die ganze Informationsflut nicht mehr aushält, weil die sie daran hindert, in ihrem eigenen Leben aufzuräumen. Recht hat sie, nur das ist die Lösung: im eigenen Leben aufräumen. Frühsommerputz machen. Weg mit altem Müll. Gleich jetzt!

»Wenn unsere Achtsamkeit diejenigen einschließt, die wir lieben, blühen sie wie Blumen auf.«

THICH NHAT HANH,
BUDDHISTISCHER MÖNCH,
SCHRIFTSTELLER UND LYRIKER

Kapitel 4 | Achtsamkeit – ein Schlüssel zur Liebe

F ällt dir nichts auf an mir?« Welche Frau kennt nicht diese bange Frage nach dem Besuch beim Friseur, oder nachdem ein neues Kleidungsstück gekauft wurde. »Was soll mir auffallen?« Eine klassische Szene, wenn die Aufmerksamkeit des Partners im Beziehungsalltag abhandengekommen ist. Niemand kennt uns so gut wie unser Partner. Keiner bringt uns derart an unsere Grenzen, bohrt in unseren Schwächen, lässt uns die höchsten Gipfel und die tiefsten Abgründe kennenlernen. Und genau deshalb ist der Mensch, den wir lieben, der beste Lehrer auf der Suche nach uns selbst. Was ein Zen-Meister für die Meditation ist, ist der Partner in der Liebesbeziehung. In der Meditation ist Achtsamkeit das Ziel. In der Liebe scheitert jede Beziehung ohne Achtsamkeit.[11]

Der Begriff der Achtsamkeit wird heute leider inflationär verwendet, hat dadurch an Strahlkraft und Eindeutigkeit verloren. Aber nicht an Bedeutung! Achtsamkeit bedeutet, ganz bewusst wahrzunehmen, was im Augenblick passiert, jetzt, nicht später. Achtsamkeit ist etwas anderes als »achtgeben«, »achthaben« oder »sich in Acht nehmen«. Achtsamkeit bringt uns in einen lebendigen Kontakt mit der Wirklichkeit, mit der Welt, die uns umgibt, schreibt Ursula Richard.[12] Das klingt einfach, ist aber tatsächlich ein sehr anspruchsvolles Programm.

Achtsamkeit ist wie der Lichtkegel eines Scheinwerfers, wie ein Mikroskop: Sie hilft uns, Dinge besser zu sehen, deutlich zu erkennen, ohne sie zu verändern, zu vergleichen. In einer Welt des Multitasking, in der wir gewohnt sind, viele Dinge gleichzeitig zu tun – E-Mails checken, mit einem Freund telefonieren, im Fernsehen Nachrichten schauen und gleichzeitig eine Wurstsemmel essen –, zeigt sie uns, wie wichtig, erholsam und beruhigend es sein kann, wenn wir, ohne zu bewerten und zu urteilen, Dinge einfach wahrnehmen. Dafür brauchen wir zunächst unsere Sinne. Unsere Sinne führen uns immer in die Gegenwart, keiner kann den Sonnenaufgang von morgen jetzt sehen, das Kind, das wir morgen treffen, jetzt umarmen, den Duft der Rose, die in ein paar Tagen aufblüht, heute riechen, das Konzert von übermorgen heute hören, das Festmahl, das morgen auf den Tisch kommt, jetzt schmecken. Unsere Sinne leben jetzt und verführen uns geradezu, ihnen dabei zu vertrauen.

»Wer nie jetzt lebt, lebt nie«, sagt ein Sprichwort. Bruder David Steindl-Rast erzählte mir dazu im Interview: »Einer der Gründe für ein Gefühl des Unbehagens in unserem All-tagsleben liegt darin, dass wir entweder über die Vergangen-heit grübeln oder uns Sorgen über die Zukunft machen und deshalb nicht im Hier und Jetzt sind, wo unser wirkliches Selbst weilt. Wenn wir uns die Zeit als Linie vorstellen, die von der Zukunft in die Vergangenheit reicht, dann frisst die Vergangenheit die Zukunft ständig und ohne den geringsten Rest auf. Solange wir uns ›jetzt‹ als eine ganz kurze Zeitstre-cke vorstellen, hält uns nichts davon ab, diese Strecke zu hal-bieren und dann nochmals in zwei zu teilen. Weil sich die chronologische Zeit immer weiter teilen lässt, gibt es kein ›jetzt‹ auf unseren Uhren, und in der Uhrzeit lässt sich keine ›stille Mitte‹ finden. Es ist ein Gedankenexperiment, das uns klar machen kann, wie wir im Jetzt etwas erfahren, das in der Zeit gar nicht enthalten ist, sondern weit über sie hinausgeht: die Ewigkeit. Die Ewigkeit ist nicht eine lange, lange Zeit. Sie ist, wie Augustin sagte: ›Das Jetzt, das nicht vergeht.‹ Von solchen Momenten sagen wir etwa: ›Die Zeit stand still‹ oder

›So viel hatte in einem einzigen winzigen Augenblick Platz‹. Unser Zeitgefühl verändert sich in solchen Momenten der tiefen und intensiven Erfahrung, und dann wissen wir, was Jetzt bedeutet.«

Warum ist es für uns so erstrebenswert, verliebt zu sein? Wo doch der Zustand reiner Wahnsinn und der Absturz in den Alltag grausam ist. Ein Grund ist Achtsamkeit. Es sind genau solche Momente. Verliebte erleben jede Begegnung stets völlig neu und unendlich aufregend. Jede Geste ist eine Offenbarung. Und niemals sonst erfahren wir so viel Aufmerksamkeit. Später folgt der mehr oder weniger vollständige Abstieg in die alltägliche Routine. Wir vergessen unseren Jahrestag und das Versprechen, das Badezimmer aufzuräumen. Wir werden unaufmerksam und wissen nicht mehr, was wir einander zum Geburtstag schenken sollen. Doch sobald wir uns nicht mehr beachtet fühlen, bekommen wir das Gefühl, dem anderen nicht mehr wichtig zu sein. Wir glauben, wir seien ihm gleichgültig, er liebe uns nicht mehr. Die Paarforschung plädiert an dieser Stelle dafür, dass wir unsere »love-map« aktualisieren – die Partnerlandkarte in unserem Hirn, in der gespeichert ist, welche Musik er mag, was er gerne isst, welche Bücher er liest. Wenn wir wissen, mit wem unser Partner im Job gerade Stress hat, dann erlebt er darüber unsere Achtsamkeit. Gerade in Krisenzeiten ist das Erleben gegenseitiger Wahrnehmung das Band, das eine Beziehung zusammenhält. Unbewusst lebt jedes Paar in einer Kultur der Achtsamkeit. Der Abschiedskuss, die Frage »Wie war dein Tag?«, die zärtliche Umarmung in der Küche. Doch ohne Achtsamkeit ist der Kuss Routine, ist der »Schatz« nichts wert.[13]

Achtsamkeit bedeutet, den Autopiloten, mit dem wir normalerweise durchs Leben düsen, auszuschalten. Und stattdessen so wachsam und präsent zu sein, wie wir es in einer fremden, unsicheren Situation wären. Dann ist jeder Augenblick eine Chance, unseren Partner und uns selbst auf eine neuartige und tiefere Weise zu entdecken, Veränderungen wahrzunehmen und Glücksmomente zu erkennen. Achtsamkeit verhilft uns dazu, nicht von unseren Meinungen mitgerissen und unseren Gefühlen ausgeliefert zu sein. Indem wir uns bewusst machen, dass sie nicht die Wirklichkeit, sondern Teil unseres Geistes sind, gewinnen wir Abstand zu schwierigen Emotionen wie Neid, Eifersucht, Hass, Schmerz und Kränkung. Nicht, dass wir diese Gefühle nicht mehr hätten. Aber wir lernen, sie als Teil unseres Lebens anzuerkennen, ohne in ihnen zu versinken. Kompromisse und Verständnis werden einfacher, wenn die Weltmacht mit drei Buchstaben an Bedeutung verliert: ich. Eine gute Selbstwahrnehmung macht uns beziehungsfähig – und zwar nicht nur in der Liebe, sondern im Umgang mit allen Menschen, mit denen wir zu tun haben. Achtsamkeit ist emotionale Intelligenz.

Das beginnt freilich ganz früh, mit der ersten Liebe, die wir erleben. Im letzten Jahrzehnt konnten Forscher zeigen, dass Liebe – oder fehlende Liebe – die Entwicklung eines Kindes mehr beeinflusst als alles andere. Liebe ist die wichtigste Variable in der Erziehung. Die Ergebnisse einer Studie der amerikanischen National Academy of Sciences zeigen: Alles, was diese Liebe ausdrückt, lässt das Gehirn von Kindern größer werden. Ein Kuss, ein Lächeln, Interesse am Kind, das Einbeziehen des Kindes, gemeinsames Spielen, bedingungslose Beachtung. Wir brauchen, gerade dann, wenn wir noch klein sind, eben mehr als Wasser und Essen und ein Dach überm Kopf. Die Menschen sind für die Liebe gemacht, und für Kinder gilt das ganz besonders. Die Studien haben auch gezeigt, dass das Sprachvermögen, das Verständnis für Emotionen und die Fähigkeit zu Beziehungen gestärkt wird, wenn Eltern regelmäßig mit dem Kind über dessen Gedanken und Gefühle sprechen, ohne sie zu be- oder verurteilen, ihm erlauben, Fragen zu stellen auch über schwer verständliche Themen, ihm Raum geben, Dinge auf eigene Faust herauszufinden. So lernt das Kind, dass es wert- voll und gut ist, dass es akzeptiert und geliebt wird wie es ist und dass es Probleme selbst lösen lernen kann. Kein Ansporn zu Leistung, keine Medaille, kein sinnloses Ziehen am Kind können Liebe und Zuwendung auch nur annähernd erset- zen. Und kein Geschenk der Welt ist so wertvoll wie die Zeit und Aufmerksamkeit der Eltern.[14]

Thich Nhat Hanh erzählt folgende Geschichte: »Als ein Vater seinen zwölfjährigen Sohn fragte, was er sich zum Geburtstag wünsche, antwortete dieser: ›Papa, ich möchte dich!‹ Sein Vater arbeitete die ganze Zeit und war selten zu Hause. Sein Sohn war eine Glocke der Achtsamkeit, die ihn daran erinnerte, dass das kostbarste Geschenk, das wir unse- ren Liebsten machen können, unsere wirkliche Gegenwart ist.«

Jährlich werden Milliarden in Werbung und Wirtschaft investiert, um uns klarzumachen, was uns fehlt, was wir alles nicht haben. Darauf bauen ganze Industrien. Und nun sollen wir mutig erkennen, dass es uns an nichts fehlt, wenn wir nur aufmerksam genug sind? Das ist wahrlich keine einfache Übung, die aber durch gelebte Achtsamkeit gelingen kann. Ohne die Fähigkeit zum bewussten Wahrnehmen dessen, was geschieht, was wir denken, fühlen, sehen, riechen, hören oder schmecken, könnten wir nicht überleben. Oft verlieren wir aber diese Fähigkeit und dann gilt es, sie wieder zu trai- nieren.

Das heißt nicht, Probleme und Sorgen auszublenden! Viele Menschen glauben, dass gerade die negativen Aspekte des Lebens besonderer Aufmerksamkeit bedürfen, da man diese nur durch ein hohes Maß an Aufmerksamkeit verbessern kann. Doch wenn wir unsere Aufmerksamkeit auf negative Dinge richten, löst dies automatisch negative Gefühle in uns aus, Ängste, Wut, Traurigkeit. Eine häufige negative Betrachtungsweise ist Gift für das Leben, sie sollte positiven Gedanken nicht den Raum nehmen! Sobald wir an etwas Schönes denken, werden unmittelbar die damit verbundenen positiven Emotionen wie Glück, Freude, Liebe spürbar. »Positives Denken« beschreibt also lediglich eine Methode des Aufmerksamkeitstrainings, die dieses Ungleichgewicht wieder ins Gleichgewicht bringen soll.

»Wenn wir voller Achtsamkeit in der Gegenwart ruhen, ist Mitgefühl die natürliche Reaktion auf das Leiden um uns herum«, schreibt der Meditationslehrer Joseph Goldstein. Wenn unser Liebster nörgelt oder nervt und wir nicht engstirnig dagegenhalten, sondern achtsam offen bleiben, wenn wir nicht sofort bewerten und urteilen, dann sind wir dabei, so etwas wie emotionale Weisheit und Mitgefühl zu schaffen. Dann geht uns die Liebe nicht so schnell verloren.

Es dämmert, der Wecker läutet, die ersten Sonnenstrahlen drängen sich durch die Äste des Baumes vor dem Fenster, und neben uns schlägt unser Partner die Augen auf. Wir kuscheln uns noch einen Moment aneinander, warm und weich und geborgen, wir riechen einander, spüren die Haut, die Atembewegung des uns so vertrauten Körpers. Wir sind nicht allein auf der Welt, ein neuer Tag bricht an. Ein Moment von Glück und Liebe, wenn wir ihn bemerken.

Bin ich achtsam genug in meinem
Leben? Wie kann ich achtsamen
Umgang üben?

Welchen Anteil haben Gedanken über
Vergangenheit, Gegenwart und Zukunft
in meinem Leben?

Welches vertraute Ritual meiner
Beziehung möchte ich nicht missen?

Besonderer Tag

2012 wurde in New York die Schmucksammlung der einstigen Society Lady Huguette Clark versteigert. Die reiche Erbin eines US-Eisenbahnmagnaten (ihr Vater war Senator, Kupferbaron und Finanzier an der Wall Street) war bereits ein Jahr zuvor im Alter von 104 Jahren verstorben. Die letzten 22 Lebensjahre verbrachte die Milliardärin im Spital – statt in ihrer 42-Zimmer-Wohnung auf der Fifth Avenue in New York. Der Wert ihres Schmucks: eine halbe Milliarde Dollar! Was mich an dieser Meldung, die es kurz in die Weltnachrichten geschafft hat, wirklich nachdenklich gestimmt hat, war nicht der unermessliche Reichtum, sondern ein ganz anderes Detail: Die Schmuckstücke wurden von ihrer Besitzerin niemals getragen! Viele von uns heben ihre besten Stücke für »besondere Gelegenheiten« auf, das Kleid, der Duft, die Kette, die Seidenwäsche, aber wann ist er da, der ganz besondere Tag?

Das Bewusstsein, dass unser Leben jeden Tag vorbei sein kann, schärft den Blick aufs Leben – und seine besonderen Gelegenheiten. Auch mir fällt das nicht leicht, meist lasse ich neue Dinge nur mit langer Anlaufzeit in mein Leben. Aber es lohnt sich zu jedem Zeitpunkt, das schönste Kleid zu tragen, die Kristallgläser zu benutzen, den besten Wein zu trinken. Wie traurig, wenn Schmuckstücke im Wert von einer halben Million Dollar ein Leben lang ungetragen im Safe liegen! Bewahre nichts für einen besonderen Anlass auf! Jeder Tag, den du lebst, ist ein besonderer Anlass!

Hochzeitstag

Das Brautkleid wurde schon vor einem Jahr gekauft. Shopping mit den besten Freundinnen, Anproben im Brautmodesalon wie im Film! Ein Traum in Weiß, aber mehr darf ich ja gar nicht verraten. Denn der Bräutigam Roman soll staunen, wenn er seine Denise sieht.

Aber wozu eigentlich noch heiraten, in einer Zeit, in der fast jede zweite Ehe geschieden wird? Ist die Ehe nicht längst ein Auslaufmodell, das die Förderung durch Staat und Steuerzahler nicht mehr verdient? Wer Kinder, gesellschaftliche Anerkennung und wirtschaftliche Sicherheit will, braucht dafür heute keinen Trauschein mehr. Warum also? Oder ist gerade das der Reiz? Weil es nicht sein muss … Niemand tritt mehr in den Stand der Ehe, weil er den Erwartungen von Eltern oder Erbtanten, von Nachbarn oder Vorgesetzten entsprechen will. Verheißt gerade diese Freiwilligkeit mehr Glück? Das Leben in einer globalisierten Welt mit größtmöglicher Mobilität und Flexibilität erschwert zwar dauerhafte Bindungen, gleichzeitig aber verstärkt es die Sehnsucht danach. Je mehr Paare ringsum auseinandergehen, desto größer ist der Wunsch nach dauerhafter Liebe und danach, es besser zu machen. Das tiefe, verbindliche Bekenntnis zu einem anderen Menschen bleibt nicht nur die größte Sehnsucht, sondern auch die stärkste Kraft. Das ist im Privatleben genauso wie im Beruf. Du bist es! Ohne Zweifel, ohne Angst. Ich meine dich! Nicht weil du schön und erfolgreich und sportlich bist, sondern weil du du bist!

Denise und Roman trauen sich. Alles Gute!

Späte Liebe

»Mein Name ist Eva und das ist meine Lebensgeschichte …«, beginnt ein Brief. Eva Lewisch erzählt mir von ihrer behinderten Tochter, die heute erwachsen ist und in einer betreuten Wohngemeinschaft lebt. Doch ein behindertes Kind zu haben, war nicht die einzige Prüfung in ihrem Leben: der Tod ihrer Eltern, dann erkrankte ihr Ehemann an Magenkrebs. Sie stellte alles andere zurück, um für ihn da zu sein, und pflegte ihn bis zu seinem Tod. Kurze Zeit später verstarb ihr so sehr geliebter Hund, der ihr ein wichtiger Gefährte war.

Das Schicksal schien sich endlich zu wenden, als Jahre später ein neuer Mann in ihr Leben trat. »Josef Frank, 49 Jahre alt, und er ist der wertvollste Mensch, den ich je kennengelernt habe!« Als wären alle vergangenen Schicksalsschläge nicht ohnehin ein schwerer Rucksack für eine neue Beziehung, wurde schließlich auch Eva schwer krank. Diagnose: Zungenkrebs. Operation, Bestrahlung, eine weitere Operation. Und immer an ihrer Seite: Josef. Er sorgte sich um sie, ermutigte sie, kümmerte sich liebevoll und war einfach da! »Die letzte Untersuchung war sehr positiv, ich bin auf einem guten Weg, meinen die Ärzte – ob die Liebe damit zu tun hat?«, schreibt Eva. »Dass man mit 54 noch einmal so eine Liebe erleben darf, ist einfach großartig. Besonderen Menschen gebührt ein besonderer Dank! Es ist nicht alles selbstverständlich im Leben!«

Echte Freunde

»Sitze im Hotelzimmer und habe ihre Kolumne gelesen!« So beginnt der Brief von Christa Starck, handgeschrieben auf Hotel-Briefpapier. Sie ist 49 Jahre alt, verheiratet, hat drei Kinder und arbeitet seit elf Jahren in der Altenpflege. »Ich erfahre im täglichen Umgang mit kranken, alten Menschen und ihren Angehörigen und all den Kollegen so viel Wärme, Zuneigung und Dankbarkeit. Wir geben viel in unserem Beruf, bekommen aber ungleich mehr zurück!«, schreibt sie. Aus dieser Kollegenschaft gingen drei Freunde fürs Leben hervor: Eva, Gitti, Nana, zusammen mit Christa ein vierblättriges Kleeblatt. Unzertrennlich, immer eine für die andere da, in schwierigen Zeiten tauschten sie ihre Sorgen und Nöte aus, und daran hat sich bis heute nichts geändert.

Das letzte Jahr war für Christa ein sehr schwieriges. Es begann mit einem schlimmen Sturz mit längerem Krankenstand. Es waren ihre Freundinnen, die ihr halfen. Dann im Herbst Probleme mit dem Herz. Und wieder waren es die Freundinnen, die ihr Kraft gaben, jede auf ihre spezielle Art. Nun möchte sie Danke sagen. Aus dem Hotelzimmer – nein, nicht etwa ein Urlaubsaufenthalt! Eine verirrte Silvesterrakete hatte ihr Haus ausgebrannt, es ist unbewohnbar, die Familie musste evakuiert werden. Und nun raten Sie einmal, wer da ist und hilft: Eva, Gitti, Nana – tröstende Worte, Einladungen zum Essen, Hilfe da und dort. Danke! »Wer solche Freunde hat, braucht sich vor nichts und niemandem zu fürchten!«

Single-Hochzeit

Jeden Tag gibt es schreckliche Nachrichten. Eine kleine Notiz hat mich zuletzt besonders traurig gemacht. Ein Bericht über einen neuen Trend in Japan, sogenannte Single-Hochzeiten! Viele Frauen, die freiwillig oder auch nicht selbst gewählt als Single leben, wollen auf diesen speziellen Tag nicht verzichten. Aus diesem Grund heiraten viele Japanerinnen einfach – sich selbst! »Solo-Wedding« nennt sich der Service, bei dem sich Frauen selbst heiraten können, ohne nach einem Traummann zu suchen. »Wir wenden uns an japanische Frauen, die sich für ihre Karriere und gegen den traditionellen Weg als Ehefrau entschieden haben. Oder an Geschiedene, die noch einmal das Gefühl dieses besonderen Tages wiederaufleben lassen wollen« sagt der Sprecher des Anbieters.

Das Komplettpaket enthält dabei einen Zwei-Tages-Trip inklusive Besuch in einem Brautkleidgeschäft. Spitze, Tüll, Glitzer, Blümchen, ein Traum ganz in Weiß. Auch Frisur, Make-up und ein Katalog mit Männern, von denen man einen für das Hochzeitsfoto aussuchen darf, werden dabei inkludiert. Dazu der Brautstrauß, ein vierblättriges Kleeblatt fester Bestandteil des Bouquets. »Damit die Frauen glücklich werden«, sagt die Floristin und verbessert sich, »damit sie ihr Glück spüren«. Zuletzt steht auch noch die Übernachtung in einer Honeymoon-Suite an. Bei der Solo-Hochzeit gehe es nur um die Braut. Ihr soll jeder Wunsch erfüllt werden. Am Ende des Pakets bekommt sie einen USB-Stick, auf dem die seltsame Hochzeit gespeichert ist. Die Kosten für das gesamte Wochenende betragen dabei 2700 Euro. Die Nachfrage nach diesen Single-Hochzeiten ist groß: Schon 150 Frauen haben bis jetzt sich selbst geheiratet, die Termine bis nächsten Mai sind ausgebucht. Der schönste Tag im Leben, ganz alleine. Ich heirate! Mich. Arme reiche Welt.

Kurzer Anruf

Ein Zeichen der Hilfe und Anteilnahme kann manchmal ganz schlicht und einfach sein. Therese Aschauer machte sich auf den Weg, um ein paar Tage in Grünau im Almtal bei ihrem Bruder zu verbringen. Ausflüge und Reisen sind für die alte Dame heute nicht mehr so einfach, das Autofahren hat sie schon vor einiger Zeit aufgegeben, seither nutzt sie Bus und Bahn. Sorgsam hat sie sich für die Anreise die Zugverbindung von Amstetten nach Grünau herausgesucht, Hin- und Rückfahrkarte besorgt und wartete überpünktlich um 6:30 Uhr am Bahnsteig, freudig aufgeregt angesichts der bevorstehenden Urlaubstage.

Ein aufmerksamer ÖBB-Mitarbeiter wies die wartende Frau darauf hin, dass der Zug – aus Wien kommend – voraussichtlich eine halbe Stunde Verspätung habe. Er erkundigte sich auch über die Weiterfahrt, um zu kombinieren: der Anschlusszug nach Grünau – der ist weg! »Spontan fragte er mich auch noch, ob ich denn in Grünau erwartet werde!?« In der Tat, Frau Aschauer sollte von ihrem Bruder abgeholt werden. Da sie selbst handylos lebt, fragte der Mitarbeiter sorgsam: »Sind die jetzt schon auf?«, und wählte prompt mit seinem Handy die Telefonnummer des Bruders und informierte ihn über die Verspätung. »Können Urlaubstage schöner beginnen als mit so einem Erlebnis?«, fragt Frau Aschauer. Eine kleine Portion Achtsamkeit und Mitgefühl können selbst unangenehme Situationen erhellen. Immer wieder.

Eheversprechen

In guten wie in schlechten Zeiten, das haben sich Manfred Denner und seine Frau Margarete vor 52 Jahren versprochen. Es war ein junges Glück, Manfred war 17 Jahre, mit 18 hat er bereits geheiratet! Es gab die guten Zeiten, sie bekamen drei Söhne, der junge Familienvater hatte Arbeit bei der Telekom. »Wir hatten nicht viel, aber wir waren glücklich und froh, dass wir uns haben!«, schreibt der Ehemann. Als er 47 Jahre alt war, wurde er krank, zunächst wusste niemand die Symptome zu deuten, nach vielen Untersuchungen wurde die Krankheit ALS festgestellt. Amyotrophe Lateralsklerose, diese Krankheit des motorischen Nervensystems führt dazu, dass nach und nach die Verbindung zwischen Gehirn und Muskeln des menschlichen Körpers abhanden kommt. Der Patient kann sich nicht mehr bewegen, seine Arme nicht halten, hat keine Kontrolle über die Beine, Probleme mit dem Schlucken, ja sogar mit dem Atmen kommen dazu. Der körperliche Verfall bei ALS verstärkt einen so schwer fassbaren Gegensatz: Geistig sind die Patienten auf der Höhe, auch emotional gibt es – abgesehen von der Verarbeitung der schwerwiegenden Diagnose – nur selten Veränderungen. ALS, das bedeutet eingesperrt zu sein im eigenen, immer schwächer werdenden Körper. »Meine Frau versteht mich gut, fast durch Gedankenübertragung!«, schreibt Herr Denner, »sie kümmert sich um mich, muss mich täglich anziehen, sie ist einmalig geduldig mit mir, und ich bin so froh und dankbar, dass ich diese Frau an meiner Seite habe. Ich liebe sie!« In guten wie in schlechten Zeiten, wie schön, wenn das gelingt.

Trennungsschmerz

Eine Scheidung ist immer schmerzvoll für zwei Menschen. Aber das soziale Netz, das mit einer Beziehung reißt, ist meist viel größer. Früher gemeinsame Freunde, die nicht so recht wissen, auf welcher Seite sie nun stehen. Und die dazugehörigen Angehörigen, nicht umsonst im schönen Wort »Familienkreis« beschrieben.

Das alles schwingt in dem Brieflein mit, das mir Christa Etlinger geschrieben hat. Es sind nur wenige Zeilen, und doch ist Schmerz und Erleichterung in ihren Worten zu spüren. »Als mein Sohn und meine Schwiegertochter sich vor zwei Jahren scheiden ließen, glaubte ich, die Welt bricht für mich zusammen. Ich hatte so große Angst und Sorge, meinen Enkel nicht mehr zu sehen und meine liebe Schwiegertochter, die ich liebe und schätze wie meine eigene Tochter!«

Eine bittere Situation, in der sich viele Großeltern, die mit der Scheidung eines Kindes »verwaisen«, befinden. Es ist nicht einfach, diese Bande weiter zu leben, ohne Groll und Hader. Aber es kann gelingen. »Sie hat mich nicht fallen lassen, wir haben nach wie vor ein herzliches und gutes Verhältnis, ich bin bei ihr und auch ihrer Familie immer willkommen, ich sehe mein Enkelkind, denn das verbindet uns schließlich für immer. Für all das bin ich ihr unendlich dankbar!«

Schwiegereltern

Als Sigrid Asanger vor zehn Jahren ihren Mann Reinhard geheiratet hat, hat sie bei ihm im steirischen Pöllau nicht nur ein neues Zuhause gefunden, sondern auch seine Freunde, Bekannten und die ganze Familie haben sie herzlich aufgenommen. Vor allem die Schwiegereltern Manfred und Hilde haben der Schwiegertochter von Anfang an versprochen: »Wir werden euch immer unterstützen, solange wir können!« Und bis heute wurde das Versprechen nicht gebrochen! Sigrid brachte Zwillinge zur Welt, eine schöne, aber auch anstrengende Zeit. Windeln wechseln, stillen, waschen, alles mal zwei. Aber die Schwiegereltern waren da, mit Rat und Tat, aufpassen, Mittagessen kochen, und keiner kann so gut und spannend Geschichten erzählen wie der Opa!

Heute sind die beiden Buben Martin und Jürgen schon groß, aber wenn Sigrid auf all die Jahre zurückschaut, dann sieht sie, dass vieles nicht selbstverständlich ist. Sich gegenseitig stützen, wenn die Seele weint wie nach dem Tod der geliebten Oma. Schmerzen und Freuden miteinander tragen. Auch bei alltäglichen Dingen, Garten, Haus, Waldarbeit. »Das schönste Geschenk ist dieses Wissen, dass es jemanden gibt, der immer für uns da ist!« Die Schwiegereltern als Netz fürs eigene Leben, als Rückhalt, als Hafen. Dafür möchte sie heute, wenn Hildes Geburtstag gefeiert wird, Danke schön sagen! Alles Gute!

Rote Rosen

Es war eine besondere Blumenbestellung an diesem Tag im Dezember. Frau Monika Wimmer rief im Blumengeschäft »Blumen B&B« in Wien/Julius-Ficker-Straße an, um 20 rote Rosen zu bestellen. Abholung: 1.1.2016. Die Verkäuferin meinte am Telefon, das sei kein Problem, der Laden hätte jeden Tag geöffnet. »Ich sagte, dass ich so gegen 9 Uhr Früh kommen werde, die Blumen abzuholen!«

Frühmorgens am Neujahrstag machte sich Frau Wimmer auf den Weg, »es war eisig kalt, kein Mensch war auf der Straße! Ich biege um die Ecke, das Blumengeschäft war finster und – geschlossen!« Ärger und Traurigkeit steigen in ihr auf, war es doch eine besondere Bestellung. »Neben dem Geschäft sehe ich dann ein Auto am Parkplatz, denke mir: Da wartet noch jemand!« Da steigt eine nette Dame aus dem Auto und fragt: »Sind Sie die Dame, die 20 rote Rosen bestellt hat? Ich warte hier seit 9 Uhr, denn ich habe Ihnen am Telefon eine falsche Auskunft gegeben. Ich bin erst kurz bei der Firma beschäftigt und wusste deshalb nicht, dass das Geschäft am Neujahrstag geschlossen hat!« Ein außergewöhnliches Kundenservice, »dieser Verkäuferin möchte ich meine Hochachtung aussprechen für dieses menschliche Handeln!«

Die Rosen waren für das Grab des Ehemannes von Frau Wimmer bestimmt, der am 1. Jänner vor einem Jahr gestorben war. »So ging ich an diesem kalten 1. Jänner mit einem Strauß wunderschöner roter Rosen im Arm auf den Friedhof und habe dicke Tränen geweint!«

Nagel

»Ich weiß nicht, ob meine Geschichte zu klein ist!«, meint Dipl.-Ing. Martin G. Achtsam zu sein heißt für mich, auch die ganz kleinen Begebenheiten zu erkennen, wie unter dem Mikroskop zu betrachten. Es sind oft gerade »kleine« Dinge, die einem das Leben schön oder auch ganz schön schmerzhaft machen können. Eine brennende Fieberblase zum Beispiel, eine verstopfte Nase, diffuse Kopfschmerzen und Ähnliches, … Nebensächlichkeiten vielleicht, und doch können sie das Leben ziemlich beeinträchtigen! Oder ein eingerissener Fingernagel.

»Ich möchte Ihnen ein schönes Erlebnis schildern. Vor Kurzem war ich einen Tag lang in Salzburg. Kurz bevor ich wieder nach Linz fuhr, riss mir der Nagel meines rechten Daumens recht tief ein – jede Berührung schmerzte wirklich sehr, riss den Nagel weiter ein. Was tun, es war kurz vor 18 Uhr!?« Herr G. entdeckte am Mirabellplatz die Salvator-Apotheke, »ich ging hinein, schilderte das Problem und bat um eine Nagelschere – die anwesenden Damen suchten eine und reichten sie mir. Problem: Da ich mit der linken Hand recht ungeschickt bin, sah ich mich nicht in der Lage, meinen rechten Daumennagel zu schneiden. Problem? Nein – eine der Mitarbeiterinnen übernahm das – bedächtig, einfühlsam, erfolgreich! Wir lachten alle, scherzten noch ein bisschen und dankbar verließ ich die Apotheke. Ist das eine Kleinigkeit? Irgendwie ja, aber irgendwie auch nicht, sondern etwas ganz Besonderes!«

Strafmandat

»Da man über Wiener Parkraum-Sheriffs – und auch sonst – immer nur Negatives liest, zur Abwechslung einmal etwas Positives.« So beginnt der Brief von Gottfried K., der nach einem Besuch beim Physiotherapeuten Überraschendes erlebte. »Ich hatte mein Auto im 12. Bezirk in der Hufelandgasse geparkt, in einer Kurzparkzone. Als ich nach dem Termin zu meinem parkenden Auto zurückkam, erkannte ich schon von der Ferne einen Strafzettel hinter dem Scheibenwischer.« Kurze Schrecksekunde, spontaner Ärger, der einen überfällt, wenn man sich zu Unrecht beschuldigt fühlt. »Ich war mir sicher, den Parkschein ordnungsgemäß ausgefüllt zu haben, so überlegte ich auf dieser kurzen Wegstrecke, was sich die ›Gauner‹ wohl wieder einfallen haben lassen. Überprüfte Uhrzeit, Parkdauer. Nein, mir war kein Fehler passiert!«

Den aufmerksamen Mitarbeitern der Parkraumüberwachung aber auch nicht. Ganz im Gegenteil. »Als ich das Organmandat nahm und genauer betrachtete, stellte sich heraus, dass auf der Rückseite der Strafverfügung eine handschriftliche Warnung geschrieben stand: ›Achtung, in Ihrem Auto ist eine Wespe!‹ Dazu ein freundlich lächelndes Gesicht. Vielleicht finden Sie die Sache berichtenswert«, schließt Herr K. sein Schreiben. Ja, das finde ich! Wenn auch Ihnen kleine, schöne Momente das Leben erhellen, Sie sich dafür bedanken oder einfach davon erzählen wollen, schreiben Sie mir!

Aus Liebe

Es gibt bekanntlich einige Gründe, von wichtigen Funktionen »zurückzutreten«. Krankheitsbedingt, aus Anstand, weil man einen Fehler gemacht hat. Als Schuldeingeständnis, aus Verantwortung, um größeren Schaden zu vermeiden.

2013 hat ein Mann eine große Aufgabe beendet, und er hat es aus Liebe getan. Fredy Mayer war 14 Jahre Präsident des Österreichischen Roten Kreuzes. Er war kein Polterer, kein lauter Mann. Er hat diese Aufgabe ohne große Worte, dafür mit viel Kraft und Gespür für die wichtigen Bruchlinien unserer Zeit und die daraus resultierenden Probleme ausgefüllt. Arm und Reich, Alt und Jung, Eingesessene und Zugewanderte, daran machen sich die großen sozialen Themen unserer Zeit fest. Er wusste, wo es brennt und was zu tun ist. Mit seinen Tausenden freiwilligen und hauptberuflichen Helfern hat er diese unverzichtbare Institution klug manövriert. Eine große Herausforderung, der er stets gewachsen war. Das Motto des Roten Kreuzes, »Aus Liebe zum Menschen«, hat er dabei immer im Herzen bewahrt.

Dann kam die Zeit, als seine Frau Inge ihn noch mehr brauchte. Zu gut weiß er, was es bedeutet, einem Menschen zur Seite zu stehen, wenn er erkrankt. Alles hat seine Zeit, heißt es bekanntlich. Aber das Präsidentenamt gibt man nicht einfach so auf. Diese große Aufgabe dem Nächsten (Univ.Prof. Gerald Schöpfer) anzuvertrauen, dahinter stehen reifliche Überlegung und schwerer Abschied. Doch er blieb seinem Motto treu, bis zu dieser letzten Entscheidung, als Präsident zu gehen. Aus Liebe zu einem Menschen. Respekt!

Mutpolster

Es begann mit einer kleinen Idee, die die Kindergartenpädagogin Ute Präauer und Kostüm- und Bühnenbildnerin Sigrid Wurzinger hatten. »Wir wollten angesichts der erschütternden Flüchtlingssituation am Salzburger Bahnhof ›etwas tun‹ und über die Ohnmacht des großen Leids hinaus den uns möglichen Beitrag leisten.«

Aus der täglichen Arbeit mit Kindern weiß Frau Präauer, wie wichtig es gerade für Kinder ist, etwas zum Kuscheln zu haben. »Vielleicht gibt es Stofftiere, Puppen, die auf der Flucht zurückgelassen werden mussten, verloren gingen. Wer sich an seine Kindheit erinnert, der weiß, was das bedeuten kann!« So fingen die Frauen an zu nähen … und begeisterten andere, auch zu nähen und mitzuhelfen: Anna, Annemarie, Sonja, Johanna, Helga, Maud, Tamara, Angelo, Hans-Peter, Martina, Günter, Sidali, Jamal, Christel, Wolfgang, Angie, Aki, Pascal, Viktor, Elisabeth, Brigitte, Rudolf, Thomas, Leo, Claudia und viele andere.

»Unser Anliegen ist es, neben der Grundversorgung, den Kindern noch eine kleine Besonderheit zu schenken, ein weiches, nach Lavendel duftendes Pölsterchen, das einfach guttut, wärmt, tröstet, Mut macht, ihnen und uns. Aus der kleinen Idee entstanden binnen weniger Wochen 1001 Mutpolster, die wir der Caritas für die Hilfe am Salzburger Bahnhof übergeben konnten! Wir wollen auch andere Menschen ermutigen, eigene Ideen zur Flüchtlingshilfe einfach umzusetzen. Es bedarf oft nicht viel, und jeder kleine Schritt auf dem Weg in eine friedvolle Zukunft zählt!«

Zuwendung

Damit in einem Spital alles funktioniert, Patienten kompetent behandelt werden, Angehörige sich betreut fühlen, damit ein gutes Betriebsklima herrscht und Könner am Werk sind, muss vieles zusammenspielen. Es müssen viele Menschen an vielen Orten sehr viel richtig machen. Das gelingt nicht immer. Umso bemerkenswerter, wenn man Augenzeuge sein darf, wenn es klappt.

Auf der urologischen Station im Wilhelminenspital arbeitet Nachtschwester Zejlka. Eine junge Frau aus dem Burgenland, die mit auffallend wachen Augen, hellem Kopf und offenem Herzen ihre Arbeit versieht. Der Patient ist nach einer Operation geschwächt, Zejlka stützt und stärkt ihn. Der Patient ist nach der Diagnose traurig und nachdenklich. Zejlka muntert ihn auf, erzählt ihm Witze, spricht von den positiven Seiten des Lebens, die immer da sind, wenn man sie nur sehen will. Sie erzählt aus ihrem Leben, von ihrer Familie, ihren Träumen. Sie ist eine kluge Frau, denn »der Kopf ist nicht nur zum Schminken da!«, wie sie scherzt, während sie ihre Arbeit wie selbstverständlich erledigt. Pflegen, waschen, helfen, zuhören, auch trösten. Wenn der Patient mitten in der Nacht läutet, ist sie da. Und beim nächsten Mal ist sie geduldig wieder da.

Sicher gibt es einige Zejlkas, auf dieser Station und in allen Spitälern. Frauen und Männer, deren Art und Weise, ihre Arbeit zu erledigen, diesen kleinen Unterschied macht. Der Patient war übrigens mein Vater, und mein tief empfundener Dank gilt Zejlka und dem ganzen Team!

Buntstiftyoga

Der Aufschrei der Buchkritiker war groß, als die Buch-Bestsellerlisten in Amerika, aber auch in England von einem ganz besonderen Werk angeführt wurden: *Mein Zauberwald* hieß das Erstlingswerk einer gewissen Johanna Basford, die fortan als neue J. K. Rowling bezeichnet wurde. Millionen verkaufte Exemplare, Fans, die sehnsüchtig auf die Nachfolgebücher warteten. Auch *Mein verzauberter Garten* wurde prompt zum Millionenseller. Ein literarischer Glücksfall? Mitnichten, handelt es sich doch bei ihren Werken um – Malbücher für Erwachsene! Ein neuer Trend wurde ausgerufen. »Viele empfinden ein leeres Blatt als einschüchternd, aber für ein Ausmalbuch muss man einfach nur ein bisschen Farbe mitbringen«, begründet die Schottin den Erfolg ihrer Bücher.

Schon melden sich Therapeuten zu Wort und unterstreichen den wohltuenden Aspekt des Ausmalens, endlich abschalten von allen Bildschirmen, ein entspannendes Hobby, das der Ablenkung von den Alltagsproblemen dient. Eulen, Drachen, Schlösser, Waldlandschaften warten darauf, liebevoll koloriert zu werden. Wie in Kindertagen, nur nicht über den Rand malen! »Es ist etwas, worauf man sich konzentrieren kann, das etwas Schönes und Befriedigendes schafft«, erklärte eine Therapeutin das »spirituelle Erlebnis für Malbegeisterte«. Man kann diesen Trend ganz wunderbar lächerlich finden. Man kann es aber auch einfach ausprobieren. In allen Farben. Schwarzmaler unerwünscht.

»Wir denken selten an das, was wir haben, aber immer an das, was uns fehlt.«

ARTHUR SCHOPENHAUER,
PHILOSOPH

Kapitel 5 | Dankbar leben

Kürzlich wollte jemand von mir wissen, ob es eine Frage gibt, die mir besonders wichtig ist. Ich musste nicht lange nachdenken. Diese Frage lautet »Wie gelingt das Leben?« Es ist die Grundfrage meiner Arbeit, aller Geschichten, Gespräche und Interviews, die ich führe. Manchmal bekomme ich durch meine Gesprächspartner, durch Briefe und E-Mails eine Ahnung davon, wenn sie mir Einblicke in ihr Leben anvertrauen, ihre Denkweise, Erfahrung, Umgang mit Krisen und der Suche nach dem Sinn. Die Forschung benennt drei wesentliche Faktoren für ein »gelingendes« Leben: eine Aufgabe, soziale Beziehungen und etwas, das »über uns hinausreicht«.

Ein Weg dorthin ist für mich die Dankbarkeit. Sie wurde es erst nach näherer Beschäftigung mit diesem Lebenskonzept. Nach Psychotherapeut und Viktor-Frankl-Schüler Uwe Böschemeyer ensteht Dankbarkeit durch das Nachdenken über das gehaltvolle, sinnerfüllte Leben, das wir erleben dürfen. Dankbarkeit ist die Erkenntnis, dass nicht alles, was wir an Erfreulichem erleben, von uns abhängt. Ein dankbarer Mensch ist ein Optimist, der dem Leben gegenüber positiv eingestellt ist, da er sich auf die schönen Dinge im Leben konzentriert. Dadurch lassen sich auch negative Dinge gelassener hinnehmen. Es gibt Menschen, die sich jeden Abend vergegenwärtigen, was sie während des Tages an Gutem erlebt haben. Dabei fokussieren sie sich nicht nur auf große Ereignisse, sondern auch auf Kleinigkeiten wie Freundlichkeiten, Überraschungen oder sinnvolle Handlungen. Diese kleinen Dinge können die Einstellung zum Leben auf positive Weise verändern.[15]

Wir fragen uns heute manchmal: Wofür soll ich dankbar

sein?[16] In einer Welt, in der das Gefühl, dass wir selbst unseres Glückes Schmied sind, überwiegt. In der Selbstverwirklichung großgeschrieben wird. In der das eigene Ego den Weg und das Lebensglück bestimmt. In der uns alles zusteht. Wir haben ein Recht darauf. Und doch haben wir in den letzten Jahren schmerzlich bemerkt, wohin uns dieses Denken führt. Was bleibt, wenn alles zusammenbricht? Was zählt, wenn die einen merken, dass sie Geld nicht essen, und die anderen, dass sie ihre Schulden nicht mehr tilgen können? Plötzlich rufen wir nach wahren Werten, echten Freunden, alten Tugenden, sehnen uns nach tiefen Gefühlen, kleinen Gesten, starken Bildern, erfüllenden Momenten. Es lohnt, diese Geschenke zu betrachten, anzunehmen, sich Momente der Dankbarkeit immer wieder in Erinnerung zu rufen. Wofür bin ich dankbar? Wann habe ich Dankbarkeit ganz deutlich gespürt? Ich glaube, man kann sie spüren, auch körperlich, warm, angenehm. Es ist ein Gefühl, wie wenn das Herz überfließt.

»Dankbarkeit heißt, sensibel zu bleiben für all die Nichtselbstverständlichkeiten im Leben!«, hat mir Pater Georg Sporschill gesagt. Dafür gilt es, zunächst für sich selbst zu klären, was selbstverständlich ist. Eine wichtige Prüfung.

»Was mich zurzeit bewegt, ist der ständig wachsende Hunger vieler Menschen nach ›Glück‹ – was auch immer damit gemeint sein soll«, schreibt Bruder David Steindl-Rast in einem seiner Dankbarkeits-Newsletter. »Unser Lebensstandard ist in den letzten Jahren gestiegen, die Menschen fühlen aber, dass trotzdem die Lebensqualität gesunken ist. Gemeinschaftssinn wird verdrängt durch Konkurrenz. Alles wird auf Zweck ausgerichtet, droht aber zugleich, seinen Sinn zu verlieren. Wohlstand steigt, Wohlbefinden sinkt ab. Tief im Herzen scheint noch eine Ahnung wach zu sein, dass das am Mangel an Dankbarkeit liegen könnte. Tief im Herzen wissen wir Menschen ja, dass Dankbarkeit der Schlüssel zur Freude ist – zu einem Glück also, das gar nicht davon abhängt, ob uns etwas glückt oder nicht.

Darum wird auch immer mehr von Dankbarkeit geredet. Freilich, von Dankbarkeit reden hilft nur, wenn wir auch dankbar leben. Überall fragen Menschen: ›Wie können wir Dankbarkeit üben?‹ Wir brauchen eine Methode. Die einfache Anweisung (einfach, und doch nicht leicht) lässt sich in drei Worten geben: ›Stop, look, go!‹ Wir müssen innehalten, sonst laufen wir an der Gelegenheit vorbei, die der Augenblick uns hier und jetzt bietet. Dann müssen wir offen und wach sein, um die Gelegenheit wahrzunehmen. Aber auch das genügt noch nicht. Wir erweisen uns erst dankbar für die Gelegenheit, die uns das Leben bietet, wenn wir etwas aus ihr machen, etwas mit ihr tun. Meist besteht dieses Tun darin, uns einfach am Augenblick zu freuen, ihn zu genießen. Erst, wenn wir das Innehalten und Aufmerken üben, bemerken wir, wie viel Gelegenheit zum Lebensgenuss unseren Sinnen jeden Augenblick geschenkt wird. Manchmal freilich wird Schwierigeres von uns verlangt. Aber auch wenn wir für das, was uns begegnet, als solches nicht dankbar sein können – Krieg etwa, Zerstörung der Umwelt, Naturkatastrophen und persönliches Leid – so doch für die Gelegenheit, die uns dabei geschenkt wird – etwa die Gelegenheit, daran zu reifen, davon zu lernen, oder anderen zu helfen und für sie einzutreten. Immer ist Gelegenheit das eigentliche Geschenk, der eigentliche Grund für Dankbarkeit. Indem wir die Gelegenheit beim Schopf packen, gehen wir auf das ein, was das Leben uns anbietet, zum Wohl für uns selbst und für die ganze Welt.«[17]

Wofür kann ich in meinem Leben
dankbar sein?

Wem bin ich dankbar?

Wenn Fremde auf mein Leben blicken –
welche Gründe für Dankbarkeit würden
sie erkennen?

Stille Nacht

Es war einer der Sensationskinoerfolge im Jahr 2011: Die Sozialkomödie *Ziemlich beste Freunde*, die die Geschichte eines reichen, aber querschnittsgelähmten Aristokraten und seines Pflegers, eines Sozialhilfeempfängers, erzählt. Es ist die wahre Geschichte von Abdel Yasmin Sellou und Philippe Pozzo di Borgo, einst Geschäftsführer der Champagnerfirma Pommery. Seit einem Sportunfall vor 20 Jahren ist er vom Hals abwärts gelähmt. 24 Stunden am Tag ist er auf die Hilfe anderer angewiesen, alleine kann er nichts machen, auch wenn er durch seine finanzielle Situation Möglichkeiten hat, von denen andere Betroffene nur träumen können.

In einem Interview erzählte er von der Entstehung des Films, dem überraschenden Welterfolg, von seinem »richtigen« Leben, von wahrer Freundschaft und den Herausforderungen eines Querschnittgelähmten. Philippe Pozzo di Borgo ist dabei ganz ohne Bitterkeit. Ein Satz gibt mir besonders zu denken: »Erst nach dem Unfall habe ich herausgefunden, wer ich bin. In meinem Leben davor hab' ich das nicht gewusst!« Wie es zu dieser tiefen Erkenntnis kam? »Es war die Stille, und in der Zeit, in der ich im Koma lag und danach – da war eine ganze Menge Stille! Da kommst du dir selbst nicht mehr aus, und wenn es gut geht, hast du die Chance, dir selbst zu begegnen!« Die Worte dieses Mannes, der weiß Gott viele »stille Nächte« in seinem Leben erlebt hat, klingen wie eine Botschaft für unsere Tage: »Jeder Mensch braucht fünf Minuten Stille am Tag. Nur dann kann er herausfinden, wer er selbst ist!«

Frühlingsgefühle

Immer wieder treffe ich Menschen, die mit ihrem Leben irgendwie unglücklich sind. Nicht das richtige Unglück, das große, schmerzhafte. Sondern das Unglück, das man zu spüren glaubt, wenn das Glück gerade Pause macht. Sie sind gesund, aber irgendetwas zwickt halt immer. Sie sind schön, aber nicht so schön, wie sie gerne wären. Der Bauch zu groß, die Brust zu klein, die Hüften zu breit. Sie haben einen Beruf, aber dort läuft nicht alles so, wie sie sich das vorgestellt haben. Sie werden geliebt, aber nicht genug geliebt. Ganz normale Menschen also, die grundlos unglücklich sind. Manchmal gehöre ich selbst dazu.

Dann gehe ich in diesen Tagen durch den Garten. Nicht einmal der mutigste Modeschöpfer würde die Farbkombinationen wagen, die die Natur bietet: Tausende Grüntöne, hellgrün, dunkelgrün, grasgrün, smaragdgrün, apfelgrün, lindgrün, tannengrün und vieles mehr, dazu zartrosa Magnolienblüten, violetter Flieder mit seinem unvergleichlichen Duft, ein strahlendes, weißes Meer von Schneeglöckchen, Krokusse und Tulpen mit leuchtend bunten Farbtupfen, dottergelb, knallrot. »Die Welt wird schöner mit jedem Tag. Man weiß nicht, was noch werden mag, das Blühen will nicht enden. Es blüht das fernste, tiefste Tal. Nun, armes Herz, vergiss der Qual! Nun muss sich alles, alles wenden.« (L. Uhland)

Die ersten Frühlingstage haben uns dieses Gefühl beschert, die Kraft der Sonnenstrahlen und die Farben des Frühlings lassen uns für Momente selbst traurige Gefühle, furchtbare Nachrichten, schreckliche Geschehnisse, graue Gedanken vergessen. Es blüht! Jedes Jahr unglaublich, überraschend, verlässlich. Ich gehe durch den Garten, Sonnenstrahlen kitzeln meine Nase, und ich spüre bis in die Zehenspitzen, dass ich lebe. Dieses Blühen erkennen und darauf vertrauen, dass sich immer wieder alles wendet, das ist das Frühlingsgefühl. Das grundlose Glück, ungeplant, unverdient, unvorhergesehen – wenn wir es nur zulassen!

Zeugnis

Als Ombudsfrau schien mir das Anliegen von Frau Isa-
bella M. vergleichsweise unbedeutend, aber ihr Schreiben
hat mich doch sehr berührt. Es ging darum, dass ihr Sohn
nach vielen Schuljahren und liebevoller, auch mühsamer
Unterstützung der Mutter, die Lehre mit Matura abgeschlos-
sen hat. So weit, so gut. Dann kam das Maturazeugnis, mit
der Post zugeschickt, mehrfach zusammengefaltet. Da
schreibt mir Frau M.: »Hätten sich die Schüler nicht mehr
Anerkennung verdient? Muss es so zu Ende gehen?«

Ich erlebe in den Tagen rund um Schulschluss große Emotionen vieler Eltern, wenn ihre Kinder ein Schuljahr oder die
Matura geschafft haben. Ein Lebensabschnitt endet; Freude,
Erinnerung, Erleichterung, Abschied liegen diesen Gefühlen
zugrunde. Und ich sehe in manchen Schultaschen unter Jau-
senbrot und weichen Bananen lieblos verstaute, sogar zer-
knüllte Zeugnisse – und das tut weh. Vielleicht ist es senti-
mental, vielleicht spießig, aber dieses bisschen Respekt vor
der eigenen Leistung tut not. »Stolz« ist ein schwieriger
Begriff, lassen Sie ihn als Freude und Dankbarkeit entstehen,
dann wissen Sie, was ich meine. Ein würdiges, glattes, vollkommen faltenfreies Zeugnis, in einer Klarsichtfolie, ein
»Sich selbst auf die Schulter klopfen«, dafür muss man Leistung nicht überbewerten (mein Maturazeugnis hat nie wieder Beachtung gefunden). Das habe ich gut gemacht. »Das
war richtig« – diese Feststellung tut gut und ist wichtig, in
der Schulzeit und im ganzen Leben. Und, ja, Frau M., ich
kann Sie verstehen, dieser Bug im Zeugnis muss nicht sein!

Herr Bobby

Julianna Tranker hat im Unfallkrankenhaus Meidling eine Beobachtung gemacht, die sie mir in ihrem Brief schildert. Eine Zimmernachbarin war schon drei Monate im Krankenhaus und wurde in dieser Zeit 14 Mal operiert! 14 Operationen, das heißt 14 Mal aufgeregtes Warten, bis es losgeht. 14 Mal Vorbereitung auf die Narkose und den Eingriff. 14 Mal verwirrtes Aufwachen, müdes Hoffen auf ein Ende der Schmerzen. Und das ganz alleine durchstehen. Wenn da nicht Bobby wäre.

Bobby versieht seinen Dienst als Bettenfahrer im Unfallkrankenhaus Meidling. Er ist es, der die Patienten aus dem Zimmer abholt und mit dem Bett zum Operationssaal bringt. Entscheidende Minuten. Wie gut, in dieser Zeit einen liebenswerten, freundlichen Begleiter neben sich zu wissen. »Wenn er bemerkt, wie verzweifelt die Patientin ist, oft sogar weint, große Angst hat, dann findet er immer die richtigen Worte und tröstet sie. Er besucht sie, bringt Kaffee vom Automaten – die Dame kann wieder lächeln!« Es muss ein besonderer Anblick gewesen sein, wie diese »Hilfstätigkeit« mit Kompetenz und Mitgefühl ausgefüllt wird, Frau Tranker lässt »Herrn Bobby« in ihrem Brief mehrfach hochleben. Und mit ihm alle Mitarbeiter und Mitarbeiterinnen in den Spitälern, die trotz Zeitdruck und Stress wissen, dass es in ihrem Beruf diesen so wichtigen kleinen Unterschied gibt! Danke an Herrn Bobby und Kollegen!

Blinder Passagier

Ein ganz normaler Montagmorgen. Werner B. verabschiedet sich von seiner Frau, eilt zum Auto. Am Weg noch schnell ein Kaffee. Coffee to go. In der rechten Hand der Becher mit heißem Kaffee. In der linken Hand die Brieftasche, dazu eingeklemmt das Smartphone und eine Zeitung. Wie soll er jetzt das Auto aufsperren? Die Brieftasche wird kurzerhand am Autodach »geparkt«. Das Telefon läutet. Ein kurzes Gespräch. Die Gedanken sind längst beim ersten Termin. Einsteigen und los geht's. Der Arbeitstag beginnt. Und für die Brieftasche eine Reise am Autodach.

Erst im Büro angekommen, bemerkt Herr B. seinen Verlust. Wo hat er die Brieftasche zuletzt in Händen gehalten? Er rekonstruiert seine Wege, vom morgendlichen Kaffee an, und, stopp, da war sie ja noch, das Missgeschick wird schmerzlich realisiert. Verlustanzeige, Kreditkarten sperren, alles wegen einer kurzen Unachtsamkeit. Kleine Sünden straft der Herr sofort! Doch dann ein Anruf am Handy. Am Apparat: ein Straßenkehrer, der die Brieftasche gefunden hat. Unglaublicherweise muss das gute Stück tatsächlich Kilometer als »blinder Passagier« am Dach verbracht haben, bevor es in einer Kurve abgestürzt – und dem netten Herrn der MA 48 aufgefallen ist. Der identifizierte durch die Visitenkarten den Besitzer und verständigte ihn mit seinem privaten Telefon. Große Erleichterung und Freude bei Werner B. und ein großes Lob, Finderlohn und Dank diesem vorbildlichen, ehrlichen Finder!

Verkehrsstau

Die 84-jährige Frau Franziska aus dem 13. Wiener Gemeindebezirk schreibt mir von folgender Begebenheit: Es war ein schöner Spätsommertag, 19 Uhr, bereits das beginnende orangefarbene Abendlicht, das die Traurigkeit vermittelt, dass der Tag zu Ende geht. Die Kennedybrücke in Hietzing ist ein Verkehrsknotenpunkt, hier haben Autobusse und Straßenbahn ihre Endstation, die U-Bahn ist stark frequentiert, denn schließlich ist das nahe Schloss Schönbrunn ein Magnet für Touristen und Besucher aus der ganzen Welt. Es herrscht an diesem Abend hektisches Treiben, Kommen und Gehen, Busse fahren an, Menschen eilen über die Fahrbahn, die sportlichen Läufer, die im Schlosspark ihre Runden drehen, mischen sich unter die Verkehrsgäste, die von der Arbeit nach Hause fahren, und die vielen Touristen.

Frau Franziska steht bei der Haltestelle und wartet auf den Autobus. Doch statt des Busses kommt von der Fahrbahnseite … eine Entenmama mit vier ihr nachlaufenden Küken! Mitten im dichtesten Verkehr! Zwei Passanten erkennen die Situation und ergreifen beherzt die Initiative: »Wie Verkehrspolizisten stellen sie sich mitten auf die Fahrbahn, mit weit ausgebreiteten Armen stehen sie auf der Kreuzung. Autos, Autobusse, Straßenbahnen, alles blieb stehen und wartete, bis es die Entenmama mit ihren Kleinen bis zum Schönbrunner Gittertor geschafft hatte. Keiner war verärgert, alle hatten ein Lächeln auf den Lippen!«

Kofferdoktor

Zugegeben: Es ist schon ein alter Koffer, einer, der richtig viel erlebt hat. Weite Transatlantikflüge, kurze Geschäftsreisen, schnelle Wochenendtrips – die Reisen um die ganze Welt haben deutliche Spuren und Dellen hinterlassen! Einfach wegwerfen und einen neuen kaufen wäre wohl am einfachsten, doch das Herz des Besitzers hängt an diesem Stück aus Leder.

Gott sei Dank gibt es im 5. Bezirk in Wien den »Kofferdoktor«, einen jungen Mann, Gerhard Mosovsky, der sich auf dieses Handwerk spezialisiert hat. Ein Familienbetrieb mit dem sympathischen Etwas und der Idee, dass eben nicht alles weggeworfen werden muss. Schon bei der Aufnahme des betagten »Patienten« bemerkt man, dass hier viel Liebe zum Detail herrscht. »Der hat aber schon viel erlebt!«, diagnostiziert die nette Dame, »so ein gutes Stück wird ja heute gar nicht mehr hergestellt!« Die Wunden werden besprochen, verarztet, professionell repariert. »So macht er es noch eine Zeit lang!« Bei den Massen an Gepäckstücken, die auf Flughäfen transportiert werden, kommt es immer öfter vor, dass Reisetaschen und Koffer kaputtgehen, aufgerissen, beschädigt, unbenützbar. Wie gut, dass es so einen ambitionierten Handwerksbetrieb gibt, der weiß, dass im Reisekoffer oft viel mehr drinnen steckt als nur ein paar Habseligkeiten: Erinnerungen an große Abenteuer, besondere Begegnungen, an schöne Urlaubstage – persönliche Reisesouvenirs, die man nicht einfach wegwerfen möchte!

Heimreise

Es sollte eine ganz besondere Reise werden, schon ein ganzes Jahr hatten sie sich darauf gefreut. Zusammen mit seiner 90-jährigen Mutter, einer großen Opernliebhaberin, fuhr Harald Maier nach Verona. Die Lieblingsoper stand am Programm, Puccinis *La Bohème*. Tränen der Rührung bei der Arie des Rodolfo, »Wie eiskalt ist dies Händchen«. Noch beeindruckt und berührt von diesem besonderen Opernerlebnis ging es am nächsten Tag wieder nach Hause, und da passierte das Unglück: knapp vor der österreichischen Grenze plötzlich Brandgeruch, schnell noch zur nächsten Autobahnraststation, doch das Unglück nimmt seinen Lauf, das Auto brennt total aus! Großer Einsatz von Carabinieri, Feuerwehr, Abschleppwagen, wie im Film. Natürlich war in dieser Situation einzig das Überleben der Insassen wichtig, die Gott sei Dank zwar geschockt, aber körperlich unversehrt blieben. Da standen sie nun, der Sohn mit seiner Mutter und ein paar geretteten Habseligkeiten aus dem verbrannten Auto. Und was jetzt?

Zur gleichen Zeit machen drei Mitarbeiter der Firma Andritz-Hydro aus Weiz, die von einem dienstlichen Einsatz aus Bologna kamen, an der Raststation halt. Sie erfahren, was geschehen ist, und reagieren ganz spontan, bieten den beiden Landsleuten an, mit ihnen zu fahren! »Bis vor unsere Haustüre in Graz wurden wir gebracht und es wurde kein Cent angenommen! Ich bin Herrn Ing. Schrank und seinen Leuten so sehr dankbar, es ist schön zu wissen, dass man in so einer Notsituation nicht alleingelassen wird!«

10-Euro-Engel

Gerade für ältere Menschen ist es von großer Bedeutung, auch in späten Jahren mit Biss durchs Leben zu gehen. Mit Gebiss. Eine über 80-jährige Dame war deshalb einige Wochen lang in der Zahnambulanz der Wiener Gebietskrankenkasse in Behandlung. Die letzten eigenen Zähne wurden ihr gerissen, ein schmerzvoller Abschied, und dann würde ein neues Gebiss angepasst werden.

Es war ein Freitag, an dem sie nun ihre dritten Zähne bekommen sollte und die Dame am Schalter ihr zu ihrer Überraschung mitteilte, dass zunächst 61 Euro zu bezahlen wären. Davon war nie zuvor die Rede gewesen, die Patientin hatte gerade einmal 51 Euro in der Geldbörse. Mit Hörgerät, Verzweiflung, die sich in ihr ausbreitete, und der Aussicht auf ein zahnloses Wochenende wusste sie nicht mehr weiter. Die Dame am Schalter blieb kompromisslos. 61 Euro, nur dann gibt es die Zähne. Doch eine Frau, die diese Szene miterlebte, gab der alten Dame die fehlenden 10 Euro. In der Aufregung und bis alles erledigt war, war sie auch verschwunden – kein Dank und keine Rückzahlung waren deshalb möglich. Aber die Gewissheit, einem Menschen in einer für ihn so schwierigen Lage mit einer kleinen Geste eine große Hilfe geleistet zu haben! Dafür D a n k e an den 10-Euro-Engel im Wartezimmer der Zahnambulanz!

Erntedank

In ländlichen Gegenden ist »Erntedank« ein besonders schönes und wichtiges Ritual, Gott für die Gaben der Ernte zu danken. Es ist eines der ältesten Feste, das in allen Religionen gefeiert wird. Früher lebten schließlich über 80 Prozent aller Menschen auf dem und vom Land. Im Winter waren sie von der eingebrachten Ernte abhängig. Sie wussten zu gut, dass das »täglich Brot« nicht alltäglich ist, sondern erarbeitet werden muss. Und sie kannten immer die Grenzen aller menschlichen Bemühungen.

Für die Industriegesellschaft ist der Lebensbezug dieses Festes weitgehend abhandengekommen. Alles scheint – technisch – machbar, alles kann gesteuert, kontrolliert werden. Die »Früchte« der Arbeit sind meist nicht mehr sinnlich erkennbar. Der Bezug zur Erde geht verloren, und Dankbarkeit ist ohnehin keine wesentliche Kategorie unserer Zeit. Für mich bedeutet Erntedank feiern, einmal Nachdenken über die eigene Ernte. Was schaffe ich, was habe ich geleistet, was habe ich bewirkt, was sind die »Früchte« meiner Arbeit, einmal ganz abgesehen vom Lohn? Damit verbunden ist die Frage nach der Sinnhaftigkeit und nach dem Wert von Arbeit. Aber auch: Ist meine Arbeit, mein Lebensstil ein Beitrag zur Schaffung gerechter Arbeits- und Lebensbedingungen für andere Menschen? Hilft er, Ressourcen und Lebensräume für kommende Generationen zu bewahren? Erntedank als Feier des Nachdenkens, der Ermutigung zu verantwortlichem Handeln, könnte diesem Fest einen neuen Sinn geben!

Guten Tag

Herr Schlemmer erzählt mir nach langem Zögern folgende Geschichte, er ist sich nicht sicher, ob seine Beobachtung auch andere Menschen berührt.

Im Pflegeheim Mistelbach gibt es einen Herrn mittleren Alters, der oft mit einer alten Dame aus dem Pflegeheim, die im Rollstuhl sitzt, in Mistelbach unterwegs ist. Auch schlechteres Wetter hält die beiden nicht von ihren Ausflügen ab. Die Dame ist dann eben besser »verpackt«, und der Herr ebenfalls. Er unternimmt mit ihr lange Spaziergänge, verköstigt sie geduldig mit kleinen Snacks. Die Dame spricht nicht, ob sie ihren Begleiter versteht?

»Der Herr ist sehr beredsam, und zwar auf seine eigene Art und Weise, die mich aber sehr berührt. Man könnte ihn als etwas ›behindert‹ bezeichnen, wobei mir dieser Ausdruck jetzt sehr schwer gefallen ist, denn was heißt das schon? Er hat nämlich etwas, was heute rar geworden ist: Freundlichkeit, gute Umgangsformen, Interesse an Mitmenschen! Er grüßt höflich, erkundigt sich nach meinem Wohlbefinden, verabschiedet sich nicht, ohne Grüße an die Familie zu bestellen. Mittlerweile bleibe ich sehr gerne stehen, wenn ich die beiden treffe, sogar, wenn ich mit dem Rad unterwegs bin. Ich mag die beiden Leute. Sie erhellen mir so manch trüben Tag. Sie erfreuen mich, und nach so einem Treffen, aus dem ich Kraft schöpfe, bin ich oft erfrischt und fühle mich einfach toll.«

Nachbarn

Melanie Lackner hat drei Kinder, sechs Jahre, zweieinhalb Jahre und der jüngste Spross ist gerade einmal vier Monate alt. Die Familie lebt in Gratkorn, der Mann ist im Außendienst tätig und deshalb oft unterwegs. Doch die junge Mutter bekommt Unterstützung, beständig und ungefragt, treu und herzlich, denn sie hat ihre Nachbarn Erwin und Elfi.

Zu Beginn ihrer dritten Schwangerschaft musste sie sich aus gesundheitlichen Gründen schonen. Es war tiefer Winter, massenhaft Schnee, ihr Mann nicht da. Wie die Kleinen in den Kindergarten bringen, wenn doch die Garageneinfahrt zugeschneit ist? Ihre Nachbarn, die beide auch berufstätig sind, haben sie freigeschaufelt, eine steile Auffahrt, bergauf, meterhoher Schnee! Jeder, der im Winter Schnee schaufeln muss, kann ermessen, was das bedeutet! Erwin ist einfach früher aufgestanden, um zu helfen. Auch bei der Holzarbeit hat er seinen freien Samstag geopfert. Die Nachbarin nimmt ihr hin und wieder die Kinder ab, kocht mit ihnen oder macht einen Spaziergang und sagt: Raste du dich einmal aus! Und wenn einmal was fehlt im Haus, die erste Adresse für Hilfe sind die Nachbarn. »Wie wunderbar diese zwei Leute sind! Ich bin so glücklich, diese ganz besonderen Menschen in unserer Nähe zu wissen, sie helfen immer und überall, tun das so selbstverständlich. Und da möchte ich dringend einmal D a n k e sagen!«

Namen

In den E-Mails und Briefen, die ich bekomme, sind sehr viele dabei, die von Situationen im Krankenhaus erzählen. Jeder Spitalsaufenthalt ist nun einmal eine Ausnahmesituation für den Menschen, in der er sich ohnmächtig, ja oft ausgeliefert fühlt. Deshalb kann die Arbeit aller Spitalsmitarbeiter nicht hoch genug geschätzt werden.

Wolfgang Semrad musste wegen einer Krebserkrankung in die Strahlenabteilung des AKH; er erzählt mir von einem scheinbar kleinen Detail, das aber für mich sehr große Bedeutung hat: »Schon bei der allerersten Untersuchung war ich angenehm überrascht. Die Pfleger und Schwestern begrüßten mich mit Handschlag und stellten sich mit ihren Vornamen vor. Ebenso die Ärzte. Als ich dann für eine Vorbehandlung stationär aufgenommen wurde, kam es fast noch besser. Mit einem freundlichen Lächeln wurde ich wieder von jedem Mitarbeiter und jeder Mitarbeiterin begrüßt, die sich wieder mit dem Vornamen vorstellten. Ebenso die Ärztinnen und Ärzte!«

Sie finden das selbstverständlich? Ich nicht. Sich vorstellen, mit ganzem Namen, sich zu erkennen geben, sagen, wer man ist, was man hier tut, wofür man zuständig ist, das ist ein sehr einfacher und doch so wirksamer Akt, Vertrauen zu bilden. Ich weiß, mit wem ich es zu tun habe. Es ist nicht »die Schwester«, oder »der Oberarzt«, es ist »Schwester Erika«, und »Dr. Müller«. Es ist ein Mensch, mit Augen, Gesicht, mit Geschichte. Das gilt übrigens auch in vielen anderen Berufen, wo einander Menschen begegnen. Wer bist du? Und vieles geht leichter … menschlicher eben!

Erstgespräch

Für Margit Gruber kam es mit 51 Jahren zum ersten Krankenhausaufenthalt in ihrem bisherigen Leben, er führte sie ins Krankenhaus Mödling. Und dann gleich die niederschmetternde Diagnose: Gebärmutterhalskrebs, bösartig. In so einer Situation ist wichtig, wer mit einem redet, und wie. Denn die Patientin befindet sich im Schockzustand, Tausende Fragen gehen ihr durch den Kopf, Tausende Ängste.

»Das erste Gespräch mit der Oberärztin und der Schwester war so wichtig für mich. Sie waren ruhig, geduldig, ehrlich, nicht mitleidig, es wurde nichts beschönigt oder gar verheimlicht. Es waren einfach alle sehr einfühlsam. Die Situation ist jetzt nun einmal so, ein Schritt nach dem anderen wird uns weiterführen.« Es folgten Operation und Chemotherapie und die gute Nachricht – es ist überstanden! Bei regemäßigen Kontrollbesuchen hat Frau Gruber jedes Mal das Gefühl, herzlich aufgenommen zu werden. Und das ganze Ärzte- und Schwesternteam freut sich mit ihr, wenn der Befund lautet: Es ist alles okay!

»Mir geht es gut und ich bin froh, dass meine erste Krankenhauserfahrung im KH Mödling trotz der Diagnose so positiv für mich war. Vor allem wenn ich an das Erstgespräch zurückdenke, dann finde ich es heute noch unglaublich, weil dieses Gespräch mir die Kraft gab, positiv zu denken und meine natürliche Angst zu akzeptieren. Ich lernte, was Menschlichkeit bedeutet. Danke!«

Einfach da

Die letzten Stunden bis zur Operation. Der Arzt hat sich mit einem freundlichen »Wir sehen uns dann im Operations- saal« verabschiedet, um mit einem Lächeln hinzuzufügen, »also ich sehe Sie!« Der Patient bleibt im Zimmer zurück, der Operationsgehilfe wird ihn Stunden später holen, um die letzten Vorbereitungen vor der Narkose zu treffen. Tausende Gedanken gehen einem da durch den Kopf, was ist wenn ...? Ungestellte Fragen, ungebändigte Ängste, unbegleitetes War- ten, ganz alleine im Spitalszimmer. Wenn jetzt nur irgend- jemand da wäre!

Im Orthopädischen Spital in Wien Speising sorgen Ehren- amtliche dafür, dass sich unmittelbar vor der Operation nie- mand alleingelassen fühlt. Sie tragen die typische hellgrüne Kleidung des OP-Teams, sie bewegen sich auch im Terrain der OP-Schleuse, doch sie sind weder Ärztinnen noch Pfle- gerinnen: Patrizia Schweitzer, 20 Jahre, und Berivan Osso, 23, sind Medizinstudentinnen und engagieren sich freiwillig in der Patientenbegleitung vor Operationen. »Vor der Opera- tion ist ein Patient meist mit seinen Gedanken und vielleicht auch Ängsten allein, wir sind da, um ihn mit Gesprächen und Zuwendung zu beruhigen und abzulenken!«, erzählt die junge Frau, die diese Tätigkeit seit acht Monaten einmal wöchentlich fünf Stunden lang macht. Dabei braucht es keine großen Taten, es geht einfach darum, für Patienten da zu sein – so lautet die Idee dieses Projekts des Ordensspitals.

Eine Hand halten, Mut zusprechen oder auch miteinander schweigen. Einfach da sein. Wie gut das tut.

Küchengeheimnis

Wann immer meine Geschwister oder ich nach Hause zu unseren Eltern kommen, ist der 100%ig sichere, obwohl nie erklärte Treffpunkt – die Küche. Wahrscheinlich ist das ein Relikt aus alten Tagen, als die Küche der einzig geheizte Raum in der Wohnung war, es keinen Fernseher gab und sich so die ganze Familie um den Herd versammelte. Und das hat auch etwas für sich.

Auch wenn Mama heute die Tiefkühlkost in die Mikrowelle schiebt, auch wenn das Essen heute, weit weniger romantisch, nicht mehr auf dem Holzofen, sondern auf Kunststoffplatten zubereitet wird – unsere Küche hat nichts von der Heimeligkeit alter Tage verloren. Dabei ist sie der kleinste Raum in der Wohnung, und jeder, der nicht selbst kocht, ist hier eigentlich einer zu viel – aber in der Küche macht das nichts aus.

Hier ist man den anderen nahe, hier spürt man sich, hier werden Geschichten erzählt, Töpfe ausgeschleckt, Neuigkeiten ausgetauscht, hier bekommt man mit, was der andere tut und wie es ihm geht. Hier werden Äpfel geschält, Kuchen gebacken, Fleisch gewürzt. Hier werden Zwiebel geschnitten und auch über anderen Kummer die eine oder andere Träne vergossen. Und während in den Pfannen und Töpfen das Gemüse dünstet und das Fleisch bruzzelt, werden heftige Diskussionen über das Leben, die Liebe im Allgemeinen und im Speziellen geführt. Der Blick aus dem Küchenfenster öffnet den Blick zur Straße und damit die Möglichkeit, alle wesentlichen Entwicklungen der Nachbarschaft hautnah zu erleben. Wer kommt, wer geht, und vor allem wann wer sein Auto putzt und mit dem Hund spazieren geht. Tratsch und Klatsch, alltägliche Kleinigkeiten, die sonst unerwähnt blieben, werden von der Küche aus kommentiert und besprochen. Wer die Küche nur als Kochwerkstatt benutzt und unter »Küchengeheimnis« nur geheime Kenntnisse der Meister versteht, der weiß nichts vom Zauber und der Kraft dieser Stelle. Hier findet man die wahren Rezepte für alle Lebenslagen, für alle Sorgen und Nöte. Ich mag die Küche, als Kommunikationszentrum, Ort der Wärme, als Reich der Düfte und – als Zufluchtsort.

Krimskrams

Die ersten Frühlingssonnenstrahlen entlarven die schmutzigen Fensterscheiben und aus schlechtem Gewissen beginne ich als Ausgleich fürs Fensterputzen wieder einmal Staub zu wischen. Wann hab ich eigentlich angefangen, all diese Dinge hier zu sammeln und aufzustellen, die ich überhaupt nicht brauchen kann? Statuetten und Tonfigürchen, Parfum-Probefläschchen, ein kleiner Korb mit Seidenveilchen, Kerzen in allen Formen und Farben, eine Marzipanmaus, eine leere Zigarettenschachtel, ein Schokoladenikolo und gleich daneben ein Osterhase, ein Sektkorken, eine vertrocknete Rose, ein Plastikfrosch im Liegestuhl, ein Plüschigel, ein leeres Tintenfass und ähnliche Staubfänger. Krimskrams.

Dinge, die ich erstens nie kaufen würde, und zweitens überall anders ohne Hemmungen wegwerfen könnte. Nur bei mir zu Hause nicht. Denn jede dieser Sinnlosigkeiten erzählt eine Geschichte. Erinnerungen an das Geburtstagsfest, die Silvesternacht, das Abendessen zu zweit, den Skiurlaub. Und da ja die Erinnerung bekanntlich das einzige Paradies ist, aus dem wir nicht vertrieben werden können (Jean Paul), schaffe ich mir auf diese Art und Weise viele kleine Paradiese in meiner Wohnung. Schlimm wird es erst dann, wenn ich nicht mehr weiß, wohin mit Neuzugängen. Da ist plötzlich kein Platz mehr, um noch eine Vase, noch eine Figur, noch ein sinnloses, aber herzliches Geschenk aufzustellen.

Klarer Fall – da muss was weg! Den Topf mit den geschmacklosen Blumen konnte ich noch nie leiden, der Typ, der ihn mir geschenkt hat, war zwar nett, aber wir haben heute kaum Kontakt mehr. Und ehrlich gesagt, weiß ich nicht mehr, was ich mit einem Sektkorken von einer Silvesterparty 1981 machen soll. Ich kann mich ja nicht einmal an die Party erinnern! Wegwerfen kommt allerdings nicht infrage. So beginne ich von Zeit zu Zeit diese Dinge in Schuhschachteln zu stapeln und verdränge sie in die hintersten Winkel der Regale und Schubladen – dorthin, wo man nie wieder etwas findet, aber weiß, dass man es hat. In meiner gnadenlosen Sentimentalität und menschlichen Rührseligkeit weiß ich, dass sie so gut aufgehoben sind. Für später.

Vergelt's Gott

»Also, ich hab dem Bauer mit seinem Traktor zugeschaut, wie der stundenlang immer hin- und herfährt, hin und her, da muss man ja engstirnig werden!« Das höre ich die Dame am Nebentisch in der Frühstückspension sagen. Muss wohl eine Städterin sein, so wie ich auch. Strahlender Sonnenschein in der Weststeiermark, klarer Herbst, die Bergspitzen bereits angezuckert, die Felder soweit bestellt, dass der Schnee bald herunterkommen und alles mit einer unendlich weichen weißen Decke überziehen wird.

Ich spaziere auf den Berg, nur bis zum nächsten Sonnenplatz. Dort setze ich mich aufs Bankerl und diesmal bin ich es, die dem Bauern mit seinem Traktor zuschaut. Hin und her fährt er, das große Feld entlang, geduldig und konsequent, die letzte Mahd dieses Jahres. Die schwarz-weiß gefleckten Kühe stehen auf der Wiese, das typische Läuten der Kuhglocken ist hier die Musik. Mir wird klar: Hier leben die Menschen, die unsere Erde »begreifen«, im wahrsten Sinne des Wortes, die die Felder bestellen, die wissen, was »Lebensmittel« bedeutet und woher sie kommen. Hier kommt die Milch nicht aus dem Tetrapack und das Gemüse riecht unglaublich, nicht so, wie wenn es unreif Tausende Kilometer zurückgelegt hat. Ich atme tief den unverkennbaren Geruch der Kühe ein und atme Dankbarkeit aus. Unsere Bauern. Ich weiß, für den Erntedank bin ich reichlich zu spät. Aber Danke kann man zu jeder Zeit ausdrücken, oder wie es die Menschen hier sagen würden: »Vergelt's Gott!«

Welkes Blatt

»Auch der Herbst hat noch seine schönen Tage!«, sagt mir ein Freund mit verschmitztem, tiefem Lächeln. Und das stimmt. Herbsttage haben ihre ganz eigene Stimmung.

An sonnigen Tagen kühlt es in den klaren Nächten stark ab, sodass in den Morgenstunden durch den Tau die Spinnweben deutlich zu erkennen sind. Die seltsam glänzenden Fäden glitzern im Sonnenlicht wie lange, silbergraue Haare. Früher glaubten die Leute, dass »alte Weiber« diese »Haare« beim Kämmen verloren hätten, daher die Bezeichnung »Altweibersommer«. In Schweden wird diese Zeit »Birgitta-Sommer« genannt, anderswo heißt diese fünfte Jahreszeit auch »Flugsommer« oder »Frauensommer«. In Amerika und Kanada ist es der »Indian Summer«, der durch die prächtige Herbstfärbung der Laubbäume gekennzeichnet ist.

Apropos Sommer. Gerade waren die Tage noch lang und lau, es war heiß und trocken und jetzt …? Ein letztes Mal im Schanigarten sitzen, bevor die Sessel zusammengeklappt werden. Auch kein Bauch-Einziehen mehr, denn jetzt kommen Pullover drüber! Ein vom Sommer vergessenes Pokemon im Laub, ein paar letzte mutige Rosenblüten, als würden sie nicht wahrhaben wollen, dass es für heuer vorbei ist. Der Blick in die Natur hilft, wie so oft, macht in diesen Tagen froh und wehmütig gleichermaßen. Über dem Fluss, in dem wir gerade noch gebadet haben, liegt jetzt der Nebel. Die wunderschönen lila Töne der Herbst-Astern, die gelbe, orange, rote Färbung der Blätter, bevor sie fallen. Die Felder sind bestellt, die Ernte längst eingebracht, es geht dem Ende zu. Das gehört zum Leben dazu, auch wenn wir den Gedanken daran so gerne verbannen wollen. Wir leben, als wäre ewig Sommer. Der Herbst gibt uns die Chance, das Leben zu erkennen und zu begreifen, wenn wir das nur wollen.

Es gibt viele schöne Gedanken und Gedichte zum Herbst, mein liebstes stammt von Hermann Hesse: *Welkes Blatt.* Jede Blüte will zur Frucht/jeder Morgen Abend werden./Ewiges ist nicht auf Erden/als der Wandel, als die Flucht./Auch der schönste Sommer will/einmal Herbst und Welke spüren./ Halte, Blatt, geduldig still/wenn der Wind dich will entführen./Spiel dein Spiel und wehr' dich nicht/lass es still geschehen/lass vom Winde, der dich bricht/dich nach Hause wehen.

Dritter Mann

Ich konnte das E-Mail von Roswitha V. aus Graz gut nach-
vollziehen, denn jedes Mal, wenn ich mit meinem Auto
direkt über einem Kanalschacht parke, fürchte ich einen
Moment lang das, was ihr passiert ist. Sie schrieb: »Vor Kurzem ist mir mein Autoschlüssel aus der Hand geglitten und
direkt in den Kanal gefallen. Zu meinem Pech hatte es auch
noch geregnet, sodass der Wasserstand im Kanalschacht
ziemlich hoch war.« Da steht man dann, tropfnass, der
Schlüssel im Kanal, alle persönlichen Sachen im Auto und
der Gedanke: »Das war's dann, der ist jetzt weg!«

Die meisten von uns hätten wohl einen Schlüsseldienst,
Autofahrerclub oder Autowerkstätte gerufen, um einen
Ersatzschlüssel fertigen zu lassen. Doch Roswitha V. kontak-
tierte die Holding Graz, von der Abfallentsorgung über die
Kinderspielplätze bis hin zu den öffentlichen Verkehrsmit-
teln zuständig für »Kommunale Dienstleitungen«. Und da
sagte keiner: Da kann man halt nix machen, da haben Sie
Pech gehabt!« – vom kundenfreundlichen Betrieb wurde
sofort ein hilfsbereiter Techniker geschickt! Es war nicht der
»dritte Mann«, der sich in die Kanalisation der Stadt wagte,
sondern der »erste Helfer« der Holding Graz. »Herr Wagner
war nicht nur sehr nett, sondern er hat keine Mühen gescheut,
meinen Schlüssel zu finden und wieder ans Tageslicht zu
befördern! Damit hat er mir viele Wege, Mühe, Stress und
auch Geld erspart, denn einen Autoschlüssel nachmachen zu
lassen, ist nicht gerade billig!« Ein herzliches Dankeschön!

Hose

Die Welt kann nur besser werden, wenn Menschen ein bisschen mehr machen, als sie eigentlich tun müssten: mehr als es ihre Aufgabe ist, mehr als ihr Job verlangt, mehr als in ihrer Verantwortung liegt. Diese Spur von Menschlichkeit, die über das Selbstverständliche hinausgeht, macht das Miteinander wohltuend und erfreulich, auch im Geschäftsleben.

Das durfte Johann Nimführ aus Stockerau erfahren. Es ist schon ein gutes Jahr her, da hat Herr Nimführ bei der Firma Texhages zwei neue Hosen gekauft, Markenware zu gutem Preis. Sie kennen bestimmt das Gefühl, wenn man ein Kleidungsstück besonders gerne hat, wenn Schnitt, Material, Tragekomfort einfach stimmen und aus einer Hose eine Lieblingshose wird. Dementsprechend oft hat Herr Nimführ diese Hosen auch getragen.

Ein Jahr später zeigte sein Lieblingskleidungsstück plötzlich Fehler, ein Riss neben der Gesäßtasche, bei der anderen Hose klemmte der Reissverschluss, die Rechnungen sind längst entsorgt. Nun würde man wohl jeden Verkäufer verstehen, der diesen Fehler einfach als Verschleiß wertet und dem Käufer freundlich, aber bestimmt den Kauf neuer Ware empfielt. Doch Herr Nimführ gerät an den Richtigen, an den Leiter des Geschäftes in der Mariahilfer Straße, Herrn Philipp Bräuer. Der Riss in der Hose wird als Materialfehler diagnostiziert, der Zipp wird prompt erneuert, alles kostenlos. So kann man Kunden richtig zufriedenstellen, einfach mit diesem Quäntchen mehr!

Alles wieder weiß

»Ich habe einen Engel in Form eines Malermeisters kennengelernt!« So beginnt der Brief von Veronika Z., die mir die
ganze Geschichte schildert: »Der Rauchfangkehrer war da,
um den Schornstein zu fegen, und da passierte es. Bei den
Kaminkehrarbeiten schoss eine Fontäne voll Ruß aus meinem Ofen und landete mitten im Wohnzimmer! Man kann
sich den Schmutz nicht vorstellen! Das ganze Zimmer war
mit schwarzen, klebrigen Rußpartikelchen überzogen. Nach
der ersten Schrecksekunde machten wir uns sofort an die
Arbeit, aber selbst nach stundenlangem Putzen war nur das
Gröbste beseitigt – die Wände blieben immer noch rußge-
schwärzt!«

Nun tritt Malermeister Meier aus Hainfeld in Aktion, der
in der Not gerufen wurde und trotz vieler anderer Aufträge
und Malarbeiten sofort kam, sich das Chaos ansah und mit
der Arbeit begann! »Der junge Mann kam innerhalb kürzester Zeit mit seiner Truppe, im Nu waren alle Möbel abge-
deckt und die Wände wieder blütenweiß gestrichen. Besen-
rein verließen die Maler nach ein paar Stunden meine frisch
gemalte Wohnung!« Wer schnell hilft, hilft doppelt, sagt ein
Sprichwort, ein anderes hatte der großartige Handwerker zur
Stelle: »›Geht nicht, gibt's nicht‹, sagte er lächelnd bei der
Verabschiedung! Sie verstehen, warum er für mich ein Engel
ist?«

Hildegard Kolar lebt heute im niederösterreichischen Landespflegeheim in Wolkersdorf. Die 85-jährige demenzkranke Frau ist dort gut betreut. Es weiß keiner, warum sie sich an diesem Wochenende einfach auf und davon gemacht hat. Demenzpatienten leben in ihrer Welt, in ihren Erinnerungen. Vielleicht wollte sie »nach Hause«, vielleicht nur einen Frühlingsspaziergang machen. Fest steht, dass sie nicht mehr zurück ins Heim fand. Sie fuhr mit der Schnellbahn bis zum Bahnhof Wien Floridsdorf. Die Lautsprecheransage mag ihr vertraut gewesen sein, denn hier war sie vor vielen Jahren immer umgestiegen. Aufmerksame Bahnhofsmitarbeiter bemerkten die umherirrende Frau und alarmierten die Rettung. Die Samariter Floridsdorf kamen, brachten sie ins Krankenhaus, und hier hätte der Dienst der Rettungsbesatzung auch enden können. Hätte.

Denn ein besonders engagierter Mitarbeiter begann zu recherchieren: Wer ist diese Frau? Hat sie Angehörige? Die Auskünfte der dementen Ausreißerin waren nur spärlich: Ja, es gibt eine Tochter namens Reif. Doch das war nur ein Teil der Wahrheit, denn Reif ist der Mädchenname der mittlerweile verheirateten Tochter. Die Recherche mit Internet und Telefon gestaltete sich schwierig und war am Ende erfolgreich. Die Tochter wurde gefunden, die Mutter ins Heim gebracht, wo man mittlerweile Suchaktionen gestartet hatte. Ein »Happy End«, weil einer mehr getan hat, als er tun hätte müssen, mehr als selbstverständlich ist. Danke!

Engel

Morgenläufer kennen das gute Gefühl, wenn man – während die anderen noch schlafen und die ersten zarten Sonnenstrahlen die Erde kitzeln – bereits sportlich seine Runden dreht. Es war erst 6 Uhr, als Roland Grün an diesem Morgen das Laufgewand anzog, um noch vor der Arbeit zu sporteln. Schnell und leise, die einbruchshemmende Sicherheitstür fällt hinter ihm ins Schloss und … er erkennt, dass er den falschen Schlüssel in der Hand hält! Nach dem ersten Schock und Ärger über das Missgeschick dann die Königsidee: Sein Sohn hat einen Zweitschlüssel, mit einem letzten 50-Cent-Stück versucht er ihn von einem Telefonautomaten aus zu erreichen. Vergebens, das Handy ist um diese Uhrzeit ausgeschaltet, Mailbox. Der Notgroschen ist weg, das eigene Handy in der versperrten Wohnung.

Die Rettung wartet im »Café Naschen und Lesen« in der Breitenfurter Straße. Die freundliche Kellnerin bietet nicht nur an, ihr privates Handy so lange zu benutzen, bis der Sohn alarmiert ist, sondern serviert sogar noch gratis einen Kaffee, zur Beruhigung! Ein Engel! Nach einigen erfolglosen Versuchen meldet sich der Sohn schließlich, Schlüssel da, der Tag ist gerettet. »Ein paar Tage später rufe ich im Café an und will mich bei meinem Engel erkenntlich zeigen. Doch die Dame lehnt ab, sie ist glücklich mit ihrem Leben, sie freut sich, dass sie helfen konnte! Solche Menschen machen das Leben lebenswert und halten die Erde am Drehen!«

Großvater

Ein Großvater schrieb seinen fünf Enkeln einen Brief, der ihnen Rat fürs Leben geben sollte. Wenige Monate später starb er unerwartet an einem Herzinfarkt. Hatte er es geahnt? Hier einige Textstellen daraus:

Folgt euren Hoffnungen und Träumen, egal wie unerreichbar oder seltsam sie euch erscheinen mögen.

Alle anderen sind auch nur normale Menschen. Manche tragen schicke Hüte oder haben wichtige Titel oder haben (eine Zeit lang) Macht. Sie wollen, dass ihr sie für etwas Besseres haltet. Glaubt ihnen nicht. Sie haben die gleichen Zweifel, Ängste und Hoffnungen.

Hinterfragt Autoritäten immer, aber stellt euch dabei klug und vorsichtig an.

Habt keine Angst. Vor nichts und niemandem.

Bemüht euch, anderen Menschen zu helfen, besonders den Schwachen, den Ängstlichen und Kindern. Jeder trägt eine Sorge mit sich herum, und diese Menschen brauchen euer Mitgefühl.

Lest Bücher, so viele ihr könnt. Sie sind eine Quelle der Freude, der Weisheit und der Inspiration.

Macht Reisen, wartet nicht bis es gerade gut passt. Das passiert nie.

Sagt niemals jemandem, dass ihr ihn liebt, wenn ihr es nicht tut. Umarmt die Menschen, die ihr liebt. Sagt ihnen, wie viel sie euch bedeuten. Wartet nicht, bis es zu spät ist.

Lebt im Einklang mit der Natur, geht nach draußen, in den Wald, in die Berge, ans Meer, in die Wüste. Das ist wichtig für die Seele.

Seid dankbar. Es gibt ein Sprichwort: »Das ist ein Tag in unserem Leben, und er wird nicht wiederkommen.« Lebt jeden Tag mit diesem Gedanken.

Herzenswunsch

Ich halte diesen Brief in Händen, der mich zu einem Zeitpunkt erreicht, da es die Schreiberin nicht mehr gibt. Ein
letztes Dankeschön sollte es sein, das sie wohl einer Freundin
oder Schwester diktiert hat. Ich beginne zu recherchieren,
wer war diese Frau mit diesem ungewöhnlichen Wunsch?
Das Erste, was ich finde, ist eine Parte, das Begräbnis hat vor
wenigen Tagen stattgefunden. Sake Serpuhi Malyan, 1943
geboren in Istanbul, als Kind einer armenischen Familie
christlichen Glaubens. Zur Schule gegangen ist sie in das
St. Georgs-Kolleg. Eine österreichische Schule in der Türkei,
über die viele Absolventen mit Matura nach Österreich kommen. So wie sie, die im Anschluss jahrelang in der Finanz-
abteilung der UNO-City in Wien gearbeitet hat. »In meiner
Pensionszeit habe ich dann das Leben genossen«, hat sie
gesagt.

Das war vor dem Krebs. »Seit Jahren ist das Krankenhaus
der Barmherzigen Brüder im 2. Bezirk in Wien meine zweite
Wohnadresse. Bevor ich diese Welt verlasse, möchte ich mir
einen Herzenswunsch erfüllen und mein großes Lob und
meinen Dank an das medizinische, pflegerische Können so
wie auch die menschliche Betreuung des gesamten Teams
der Station A2.2. aussprechen. Ich wünsche alles Gute für das
weitere Leben!« Die Parte zeigt das Foto einer lachenden,
herzensklugen, frohen Frau mit dunklen Haaren und großer
Brille, Freunde bedanken sich für das Zusammensein mit
ihr, die vielen Gespräche, ihre Freundschaft. »Des Menschen
Seele gleicht dem Wasser: Vom Himmel kommt es, zum
Himmel steigt es«, steht da. Der letzte Wunsch einer Frau:
tief empfundene Dankbarkeit.

Zauberlehrling

Ein Krankentransport des Wiener Roten Kreuzes: Die Patientin hat starke Schmerzen im Bein, im Rücken und wird ins Orthopädische Spital Speising zu Professor Dominkus und seinem Top-Team gebracht. Wie immer die Diagnose lauten wird, die unfassbaren Schmerzen mögen dann endlich besser werden! Die drei Rot-Kreuz-Sanitäter sind freundlich, kompetent, jung, zunächst werden alle Formalitäten erledigt, die beste Lage muss herausgefunden werden, sitzen oder liegen, bei solch starken Schmerzen ist jedes Detail, jeder Handgriff wichtig.

Der jüngste der drei Burschen absolviert gerade seinen Zivildienst beim Roten Kreuz. Er ist vorbereitet auf den Umgang mit kranken Patienten, er weiß, was zu tun ist. Und mehr: Er kann zaubern! Schon in seiner Kindheit war er fasziniert vom ersten Zauberkasten, heute ist er Mitglied in einem Zauberclub, dazwischen wird geübt, an den Tricks gefeilt, neue Tricks einstudiert. So nimmt er während der Fahrt mit dem Krankentransport zur Überraschung der Patientin plötzlich Spielkarten aus der Tasche seines roten Rot-Kreuz-Anoraks. Zaubert wendig und verblüffend, einmal ist die Karte da, dann ist sie wieder weg! Er schenkt der Patientin eine Münze, um sie im nächsten Moment wieder verschwinden zu lassen. Hinterm Ohr wird sie gefunden. Ein Zauberlehrling im Krankentransport. Das wirkt Wunder. Abgelenkt von den starken Schmerzen – vielleicht waren sie auch für Augenblicke weggezaubert? – hat die Patientin am Ziel ihrer Reise ein Lächeln auf den Lippen. Danke!

»Solidarität. Sie bedeutet, dass man sich füreinander verantwortlich fühlt, und sie muss erlernt und geübt werden. Der entscheidende Baustein dabei ist wohl das Gefühl und nicht der Verstand. Aber unsere Erziehung vermittelt doch einseitig Wissen und Bildung, während die Menschenbildung, die Entwicklung der Persönlichkeit zu wenig Berücksichtigung findet. (...) Um Solidarität zu erlernen, muss man sie zuerst erfahren, wer sie erfahren durfte, hat für sein Leben zwei Dinge gelernt: Er wird bereit sein, anderen zu helfen, und er wird sich später nicht schämen, selbst Hilfe in Anspruch zu nehmen.«[18]

ERWIN RINGEL, PSYCHIATER

Kapitel 6 | Verlust des Mitgefühls

Eines der dringlichsten Probleme zurzeit ist der »Verlust des Mitgefühls«, so der Titel eines Buches von Arno Gruen.[19] Vordenker wie Jeremy Rifkin fordern gar eine »empathische Zivilisation«. Auch Papst Franziskus beklagte bei einem Besuch der Migrantenunterkünfte auf Lampedusa unsere rationale, profit- und zweckorientierte Welt ohne Mitgefühl. Dabei ist Empathie, Einfühlungsvermögen, die bedeutendste Fähigkeit in der interkulturellen Begegnung, denn sie kann selbst kulturelle Differenzen überwinden. Und sie ist die größte Herausforderung. Ob sie nun über die Spiegelneuronen im Gehirn, eine geglückte Kindheit oder beides gefördert wird – Empathie ist der Schlüssel für Menschlichkeit und Mitgefühl.

Die moderne Gehirnforschung hat sich in den letzten Jahren intensiv mit der Frage auseinandergesetzt, welche Mechanismen bei der Fähigkeit, sich in andere hineinzuversetzen, eine Rolle spielen. Die Gehirnzentren, die aktiv sind, wenn ich selbst Trauer empfinde, sind auch aktiv, wenn ich das Leid einer anderen Person wahrnehme. Je näher uns diese Person ist, desto mehr Empathie empfinden wir für sie. »Das Leid in Afrika ist weit weg im Kopf und dadurch auch in den Gefühlen. Wenn in unserer unmittelbaren Umgebung etwas passiert, nehmen wir das viel stärker wahr«, sagt Claus Lamm, Psychologe und Empathieforscher. »Viele Menschen sagen auch, sie schalten um, wenn im Fernsehen Nachrichten kommen. Wenn mich das Leid überflutet, wende ich den Blick ab. Oder man sucht sich andere emotionale Strategien, mit dieser Überforderung umzugehen.«

Unsere Empathiefähigkeit sinkt, je größere Ausmaße ein Leid annimmt – obwohl es rational gesehen umgekehrt sein sollte. Sind vier, fünf oder zehn Menschen in Not, können wir uns das bildlich vorstellen. Bei einigen Hunderten oder Tausenden sehen wir hingegen nicht mehr das Individuum, sondern kategorisieren in Gruppen. Sobald wir aber in Kategorien denken, ist der Weg zur Empathie schon fast abgeschnitten. Das konnte man vor Kurzem gut beobachten: Der Gorilla, der in einem Zoo in den USA getötet wurde, löste weltweit viel stärkere Emotionen aus als Tausende Menschen, die im Mittelmeer ertranken.[20]

Doch wie kann es uns gelingen, gefühlte Entfernungen zu überbrücken? Wie wird dein Leid zu meinem Leid? Die Medien zeigen mir nur etwas, das weit weg von mir ist. Die Bomben fallen nicht vor meiner Haustür. Mit einem Biss ins Wurstbrot halte ich weitere Emotionen von mir fern. Meine Routine geht trotz des Krieges weiter. Die Bilder in den Medien sind nur Informationen für mich, sie beeinträchtigen nicht mein Leben. Es gab in einigen österreichischen Medien einen interessanten Versuch: Man übertrug die Ereignisse aus Syrien auf Österreich. »Bomben in der xy-Straße in Aleppo« wurde zu »Die Simmeringer Hauptstraße im 11. Bezirk steht unter Beschuss«. Um den Lesern zu zeigen, wie es wäre, wenn dieser Krieg bei ihnen vor der Haustür stattfinden würde. Und tatsächlich waren die Leser auf einmal viel betroffener, sie konnten sich mehr in die Situation der Syrer hineinfühlen.

Empathie ist ein Bauchgefühl, das einen wegschwemmen kann. Das andere Extrem ist die kalte, nüchterne Rationalität, die sich von Gefühlen überhaupt nicht beeindrucken lässt. Mitgefühl dagegen liegt irgendwo dazwischen, es spricht das Herz an, hört aber auch auf die Gründe der Vernunft. Genau das müssen wir heute kultivieren. Die Neuropsychologin Tania Singer hat bei Versuchen im Kernspintomografen gezeigt, dass buddhistische Mönche willentlich zwischen den beiden Gefühlen hin und her schalten können.

»Ohne Empathie keine Demokratie«, behauptet Psycho-analytiker Arno Gruen in seinem Buch *Dem Leben entfrem-det. Warum wir wieder lernen müssen zu empfinden*[21]. Er beschäftigt sich darin mit der verkümmerten Empfindungs-fähigkeit unserer Kultur. Die Welt, in der wir leben, sei bestimmt von Kampf, Wettbewerb, Profit und Isolation. Dieser Kampf fange mit der Entwicklung von Besitz und Macht an. »Aber unsere Evolution wurde nicht durch Kampf und Wettbewerb hervorgebracht, sondern durch Koopera-tion«, behauptet er. Empathie ist nach Gruen eine angebo-rene Fähigkeit. Liebe und Wärme braucht es, um sie zu erhalten. Der Verlust des Mitgefühls entsteht, weil der Mensch von Anfang an lernt: Kampf und Konkurrenz sind die Triebkräfte des Daseins. Kinder lernen Feind-Denken. Andere Bewusstseinszustände werden als naiv eingestuft, als unrealistisch, als schwach. Empathische, dem Menschen zugewandte Wahrnehmungen werden unterdrückt, und unser Bewusstsein wird auf abstrakte kognitive Ideen über das, was Realität ist, reduziert. »In unserer Zivilisation«, sagt Gruen, »drängen wir das Empathische systematisch zurück. Die Welt aus der Sicht eines anderen zu sehen – das haben wir verlernt, das macht uns krank.«

Doch es formierten sich neue soziale Bewegungen. Die Kritik an der klaffenden Schere zwischen Arm und Reich wachse. Empathie habe eine politische Dimension.[22]

Kooperation ist nur möglich, wenn wir versuchen, mutig, neugierig und mitfühlend andere, fremde Lebenswelten kennenzulernen. Gerade die Möglichkeiten der digitalen Welt verstärken die Gruppenbildung, Polarisierung und Spaltung in der Gesellschaft. Ich »like« nur, was mir gefällt, ich teile bekannte Meinungen, nur wer mir sympathisch ist, ist mein Freund. Gleichgesinnte diskutieren munter mit Gleichgesinnten, lesen die gleichen Bücher und finden so

Akzeptanz und Bestätigung. Wie kann man so Gegensätze überwinden?

Konstantin Wecker erzählt auf seiner Plattform »Hinter den Schlagzeilen« von einer mutigen Begegnung: »Als ich 1996 mit einem schwarzafrikanischen Chor aus Kamerun auf Tour war, wurden wir in einer Stadt in Ostdeutschland gefragt, ob wir einem Jugendzentrum, dessen ›Schützlinge‹ rechtsradikalem Gedankengut nahestanden, einen Besuch abstatten wollten. Ich fand das sehr interessant und fragte meine Freunde aus Kamerun, ob sie mitkommen wollten. Wir waren geschützt und Gewalt war nicht zu erwarten.

Zwei der Sänger begleiteten mich dann. Sie kamen in Kameruner Tracht und wir standen einem feindseligen Haufen junger Leute gegenüber, die uns spöttisch angrinsten. Nach ein paar einleitenden Worten des Leiters des Zentrums und einigen belanglosen Wortgefechten, fragte ich einen der Wortführer, ob er denn bereit wäre, einen meiner Sänger in den Arm zu nehmen. Er schüttelte sich demonstrativ angeekelt und sagte unter beifälligem Gemurmel der anderen, zum Großteil sehr jungen Leute: ›Nie. Nie nehm' ich einen Schwarzen in den Arm.‹ Darauf rief mir einer zu: ›Du würdest einen von uns auch nicht in den Arm nehmen.‹ Gelächter allerseits. Daraufhin trat ich auf den jungen Mann zu, spontan und ohne mir etwaige Konsequenzen überlegt zu haben, und nahm ihn in den Arm und drückte ihn an mich. Es war eine atemlose Stille im Raum für einen fast endlosen Augenblick. Dann sagte er zu mir den Satz, den ich niemals in meinem Leben vergessen werde: ›Das hat in meinem ganzen Leben noch nie jemand mit mir gemacht.‹ In seinem ganzen Leben – ich war erschüttert ...«[23]

Nur die Kraft der Versöhnung und der Vergebung kann etwas Nachhaltiges bewirken. Dieser Bereitschaft zur Versöhnung muss eine klare Analyse vorausgehen. Sie sollte auch nicht dazu führen, dass man die eigene Haltung aufgibt, sich die gegnerische Meinung zu eigen macht. Manchmal kann sogar Zärtlichkeit, auch wenn sie schwerfällt, der richtige Weg sein, jemanden von der Unrichtigkeit seines Handelns zu überzeugen.

»Die Orte, an denen wir darüber miteinander sprechen, wie wir leben wollen, was für eine Gesellschaft wir wollen, die sind unsichtbarer geworden. In den digitalen Welten haben wir Echokammern, in denen der Hass Widerhall findet«, schreibt Friedenspreisträgerin Carolin Emcke in ihrem Buch *Gegen den Hass*. Es fehlen zunehmend die Momente, in denen noch miteinander gedacht wird, in denen eine andere Position einen überzeugt, in denen einem ein anderes Leben nahegebracht wird.

Kardinal Christoph Schönborn hat im Bundespräsidentschaftswahlkampf einen Vorschlag dazu gemacht. Der Kardinal rief die Österreicher auf, jenen 50 Prozent genau zuzuhören, die den jeweils anderen Hofburg-Kandidaten gewählt hatten. Es gelte, deren Beweggründe und Sorgen ernst zu nehmen. »Das kann dem Land helfen, nicht Gräben zuzuschütten, sondern den anderen zu achten.« Jeder Van-der-Bellen-Wähler geht mit einem Hofer-Wähler auf ein Bier, einen Kaffee, ein Achterl? Das muss nicht für jeden beglückend sein. Aber andere nicht vorschnell in eine Schublade zu stecken, sich bewusst werden, dass man auch selbst Vorurteile mit sich herumträgt, ist ein wichtiger erster Schritt. Gegenargumente, hitzige Diskussionen können ein nächster sein. Einfach einmal zuhören.

Der südafrikanische Friedensnobelpreisträger Desmond Tutu hat auf diese Idee einst seine Versöhnungskommissionen gegründet, um das nach der Apartheid gespaltene Land zu einen. »Vergebung und Versöhnung sind keine sentimentalen Dinge, das ist nichts für Weichlinge«, meinte er. »Das ist eine harte Sache. Es ist eine Reise, die wir unternehmen, um das Gebrochene, das Wunde und Zerrissene zu heilen.«

Kann man Empathie und Mitgefühl lernen? Dazu gibt es verschiedenste Forschungsprojekte. Schon lange bekannt ist etwa die Methode der »Perspektivenübernahme«. Claus Lamm, Psychologe und Empathieforscher, erläutert: »Das funktioniert so, dass ich kognitiv feststelle, dass ich gerne mehr Mitgefühl mit den Menschen hätte, meine Distanz zu diesen aber dazu führt, dass ich nichts an meinem Leben ändere. Dann versuche ich aktiv, mich in die Gefühlssituation des anderen hineinzuversetzen – auf Englisch heißt das so schön ›to put oneself in the other's shoes‹. Ich stelle mich also imaginär in die Person hinein und sehe dadurch die Welt aus deren Augen. Das löst oft ganz starke Empathie aus, und daraus entsteht dann auch ein Gefühl der Betroffenheit. Diese Variante kann jeder für sich privat ausprobieren – das Resultat muss man dann allerdings auch aushalten.«

Wo könnte es hilfreich sein, eine Situation aus anderer Perspektive zu betrachten?

In wessen Schuhe möchte ich schlüpfen?

In welchen Situationen bin ich »berührbar«, und wie kann ich das bewahren?

»Muss man jedem Bettler, an dem man vorbeigeht, etwas geben?«, wurde der frühere Caritas-Präsident Franz Küberl einmal gefragt. Seine Antwort hab ich mir bis heute gemerkt: »Man muss nicht, aber man kann. Man sollte es von Zeit zu Zeit tun, das ist auch eine Art Training. Man übt so die eigene Teilungsfähigkeit!« Ein schöner Gedanke, besonders zu Weihnachten. Die eigene Teilungsfähigkeit trainieren. Wie einen Muskel. Das tun viele von Ihnen so oft, für behinderte Menschen oder betagte, für Opfer von Naturkatastrophen, für Flüchtlinge, für kranke Kinder, für Menschen, die ein Obdach suchen für ihren Kopf oder für ihre Seele.

Wir unterstützen gemeinsam mit der Caritas in der alljährlichen Krone-Hilfsaktion »Ein Funken Wärme« notleidende Familien in Österreich, die die Heizkosten nicht bezahlen können. Wir teilen. Und nehmen so auch Anteil am Leben anderer. An ihrer Not, an ihren Sorgen, an ihrem Leben. Wir begreifen damit auch, Teil eines großen Ganzen zu sein. Es ist uns nicht egal, wie es anderen Menschen geht, hierzulande oder am anderen Ende der Welt. Ein optimistischer Gedanke, denn wenn wir ein Teil sind, dann sind wir verantwortlich und fühlen uns auch fähig, diese Welt mitzugestalten. Und etwas zu geben, hilft nicht nur anderen Menschen in oft so schwierigen Lebenssituationen, sondern stärkt unseren Muskel der Menschlichkeit.

Mitleiden

Tagelang hielt uns die Rettung des verunglückten Höhlenforschers aus der »Riesending-Höhle« im Untersberg in Atem. Viele Fragen wurden dazu diskutiert: die dramatische Rettungsaktion, die Kosten, die extremen Bedingungen in der Höhle, auch die Berichterstattung. »Warum wird über einen Verunglückten derart intensiv berichtet, während uns Tausende Menschen, die anderswo auf der Welt sterben, nicht interessieren?«, fragten mich einige Leser. Ich finde es grundsätzlich problematisch, Notlagen miteinander zu vergleichen. Welche Katastrophe ist größer? Am Ende geht es immer um e i n e n Menschen.

Fest steht: Hier haben Helfer Unfassbares geleistet. Haben – meist ehrenamtlich – unter Einsatz ihres eigenen Lebens einem Menschen in Not geholfen. Ihre Motivation? Ein Höhlenretter beschreibt es folgendermaßen: »Das Leiden dieses Menschen! Man denkt daran, was er gerade zu ertragen hat!« Mitleid also, eine tiefe und gute menschliche Eigenschaft. Nicht das Mitleid, das sich oft peinlich an der Oberfläche bewegt und das Stefan Zweig in seinem Roman als *Ungeduld des Herzens* bezeichnet hat. Sondern das wirkliche Mit-leiden, bei dem man an die eigenen emotionalen Grenzen stößt. Empathie, die vielleicht sogar wichtigste Eigenschaft, die uns zu Menschen macht. Weil sie uns als Gesellschaft immer wieder zusammenrücken lässt. Was muss ein anderer Mensch gerade ertragen? Ganz nah, hier bei uns. Oder anderswo, weit weg.

Globales Dorf

Derzeit leben etwa 7,5 Milliarden Menschen auf der Erde. Jedes Jahr kommen 80 Millionen hinzu. Zahlen übersteigen häufig unsere Vorstellungskraft, ein Blick ins »globale Dorf«, das schlaue Bevölkerungsstatistiker entwickelt haben, hilft weiter. Es ist nur eine einfache Zahlenspielerei. Die Ausgangssituation: Lebte die ganze Menschheit in einem Dorf von nur 100 Einwohnern, dann würde sich die Bevölkerung folgendermaßen zusammensetzen: 57 wären Asiaten, 21 Europäer, 5 Nordamerikaner, 9 Lateinamerikaner, 8 Afrikaner. 52 wären Frauen, 48 Männer. 70 wären in diesem Dorf Nichtweiße, 30 Weiße, 70 Nichtchristen, 30 Christen, 89 Heterosexuelle, 11 Homosexuelle. 29 Dorfbewohner wären Kinder unter 15 Jahren, 7 Bewohner wären älter als 65 Jahre. 6 besäßen 59% des Reichtums und kämen aus den USA. 80 wohnten armseligst, nur 20 menschenwürdig. 19 Bewohner müssten von weniger als einem Euro pro Tag leben. 12 Menschen hätten nicht genug Wasser zur Verfügung. 70 wären Analphabeten, 50 unterernährt. Nur einer hätte einen PC, nur einer hätte eine Universität besucht.

Aber jetzt die ganze Statistik beiseite: Gäbe es wirklich ein Dorf mit solchen Zuständen, das könnten wir doch keinesfalls so belassen, oder? Da gehört doch sofort etwas getan! Diese Ungerechtigkeiten würde sich doch niemand gefallen lassen! Wie beruhigend zu wissen, dass es dieses Dorf ja nicht wirklich gibt und bei uns das Leben ja ganz anders aussieht …

Puppenspiel

Schreckensmeldungen aus dem Irak interessieren kaum noch, zu oft, zu viele Tote jeden Tag – da stumpft man ab. Ein Bombenattentat hier, ein Überfall dort, eine Entführung, jeder gegen jeden, kein Ziel, kein Plan – als würden solche Ereignisse zum Alltag gehören. Doch diese Meldung reißt mich heraus aus der üblichen »Ich kann das nicht mehr hören«-Lethargie, es war nur eine kleine Meldung, schnell geschrieben, genauso schnell wieder verschwunden: Bei einer Bombenexplosion im Irak starben drei Kinder. Der Sprengstoff wurde in eine Puppe gefüllt, dann wurde darauf gewartet, bis ein Kind diese Puppe berührt und BUMMM – alles flog in die Luft. Drei Kinder sind tot, die wollten, was alle Kinder wollen: unbeschwert spielen, im Alltag einfach nur Kind sein, sich des Lebens erfreuen – schau einmal, dort liegt eine Puppe! Wie schön! Es kann keine gemeinere Form von Krieg geben, kein grausameres Attentat, keine hinterhältigere Gewalt. Drei Kinder sind tot. Der Schmerz ihrer Familien wird grenzenlos sein, die Trauer unendlich – und der Zorn unbarmherzig. Denn dort im Irak wurden auch all die Grundrechte getötet, die das Menschsein ausmachen.

Stellen Sie sich nur kurz vor, wie ein Attentäter den Sprengstoff zusammenmischt, die Zündung konstruiert und dann: eine Puppe präpariert! Ob zuvor eines seiner Kinder damit gespielt hat? Welche Geschichte erzählt diese Puppe, die zum Kriegsspielzeug, zur Mordwaffe wurde? Eine Puppe hat drei Kinder getötet – es kann kein grausameres Symbol dafür geben, dass die Politik hier gescheitert ist und Menschen aufgehört haben, Menschen zu sein. Kein Tier würde ein anderes Lebewesen derart gemein töten. Und wir dürfen nie beginnen, uns mit himmelschreiendem Unrecht abzufinden.

Respektvoller Umgang

Im Bundespräsidentschaftswahlkampf 2016 hatte ich mitunter Mitleid mit den Kandidaten. Rede und Antwort stehen, ja, das gehört dazu. Wer sich bewirbt, muss auch etwas von sich preisgeben und Stellung beziehen. Aber manchmal wurden die Herren und die Dame wie Zirkuspferde durch die Manege getrieben, Respekt- und Distanzlosigkeit zum Stil erhoben. Die Kandidaten als Comedy, beim Kochen, beim Singen, wer führt sie aufs Glatteis, wer stellt die frechste Frage? Wenn wir uns über alles und jeden nur mehr lustig machen, wir alles ins Lächerliche ziehen, dann zerstören wir wertvolle Grundlagen unseres Zusammenlebens.

Das hat nichts mit mangelndem Humor zu tun, der hilft bekanntlich in vielen Lebenslagen. Es geht um ein Amt mit Respekt und Würde. Es geht, pardon, auch um unseren Respekt vor Politikern und den Errungenschaften dieser Republik. Das ist zweifellos nicht immer einfach, aber anders geht's nicht. Wir haben nichts Besseres als diese Demokratie, Gott sei Dank, und all denen sei gedankt, die durch ihren Mut, ihre Kraft, ja sogar mit ihrem Leben all das ermöglicht haben, was wir heute so achtlos betrachten. Da bin ich gerne altmodisch. Ob Straßenkehrer, Billa-Verkäuferin, Landwirt, Universitätsprofessor oder eben Bundespräsident – ein Zungenbrecher kommt mir in diesen Tagen in den Sinn: Wenn mancher Mann wüsste, wer mancher Mann wär', gäb mancher Mann manchem Mann manchmal mehr Ehr'!

Ein Mensch

Täglich neue Maßnahmen zur Flüchtlingsproblematik. Viel Zeit und Kraft für politische Diskussionen, diplomatische Verwicklungen, Versammlungen, Petitionen, Proteste. Und dann gibt es Menschen, die diskutieren nicht – die tun! Weil sie gar keine andere Möglichkeit sehen. Hierzulande, in Idomeni oder an der »Außengrenze«, dort wo Menschen nach dramatischen Bootsfahrten ankommen. Geschwächt, nass, durchfroren, verzweifelt, und doch voll Hoffnung und glücklich, überlebt zu haben.

Eine Gruppe angesehener Wissenschaftler forderte, den Friedensnobelpreis 2016 an die Bewohner der griechischen Ägäisinseln zu vergeben. »Fischer, Hausfrauen, Rentner, Lehrer – allesamt ganz normale Bewohner der Inseln – sie alle haben ihre Arme und Herzen geöffnet und Flüchtlinge gerettet«, heißt es in der Begründung der Petition. Die unmittelbare Begegnung mit Not macht menschlich. Das ist eine starke Kraft, auf die wir vertrauen dürfen. Wie viele Menschen hat sie hierzulande schon gerettet!? Keine »Flut«, keine »Massen«, keine »Ströme«, es geht – manchmal könnte man es vergessen – um einzelne Menschen. Ein Mensch – mit Augen, Namen, Geschichte, Familie, mit Erfahrungen, Talenten, Träumen. Wer erfahren hat, dass er selbst als Mensch erkannt wurde, wird das auch weitergeben können. Möglichst sensibel solche Begegnungen schaffen, wie es viele NGOs tun, kann das Leben verändern. Das eigene und das eines anderen. Begegnungen, die man auch manch einem Politiker wünschen würde.

Gerecht?

Der alte Mann erzählt immer wieder gerne diese Geschichte: Er machte eine Umfrage in seinem Büro und erfuhr dabei, dass er nur halb so viel Steuern zahlt wie seine Sekretärin, prozentual gesehen. Und das regte ihn auf. »Ich will mehr Steuern zahlen!«, forderte er von seiner Regierung. Nun, der Herr heißt Warren Buffett, ist 80 Jahre alt und mit 50 Milliarden Dollar der drittreichste Mann der Welt. Er überschrieb den größten Teil seines Vermögens (steuersparend) der Bill-Gates-Stiftung, die unter anderem in medizinische Forschung zugunsten der Ärmsten investiert. Seine Kinder? »Die werden nicht privilegiert, nur weil sie dem Club der glücklichen Spermien angehören!«, lässt er uns wissen. Er war noch ein Baby, als sein Vater arbeitslos wurde, die Familie hungerte. Mit sechs Jahren begann er seine Karriere mit dem Verkauf von leeren Cola-Flaschen, aus diesem Talent wurde ein milliardenschweres Investmentunternehmen. Heute spricht er von Ehre und Verantwortung und sagt, es sei dumm, sich von Besitztümern leiten zu lassen.

Warren Buffett ist nicht reich, sondern superreich. Und Amerika ist bekanntlich weit weg. Doch die Diskussion ist überall eine sehr ähnliche … Als »superreich« gelten in Österreich laut Global Wealth Report 297 Haushalte. Das heißt, sie verwalten jeweils ein Vermögen von mehr als 100 Millionen Dollar. Damit befindet sich Österreich in Sachen Millionärsdichte an weltweit fünfter Stelle.

Pippi

Sie war die Heldin unserer Kindheit: Pippilotta Viktualia Rollgardina Pfefferminz Efraimstochter Langstrumpf, dieses freche, mutige Mädchen mit roten Zöpfen, mit Sommersprossen im Gesicht, bunter Kleidung und viel zu großen Schuhen. Vor 70 Jahren wurde sie geboren, in den Tagebucheintragungen ihrer Schöpferin Astrid Lindgren, *Die Menschheit hat den Verstand verloren*, bekommen wir eine neue Sichtweise auch auf dieses Mädchen, das mit übermenschlichen Kräften ausgestattet durch ihr Kinderleben schlendert. »Ich mach' mir die Welt, wie sie mir gefällt!«

Astrid Lindgren hat in diesen Jahren bei der geheimen staatlichen Briefzensur gearbeitet, sie liest Briefe und erfährt so früher als andere von der Existenz der deutschen Todeslager. Man spürt, wie sie sich zwingen muss, zu glauben, was ihr Herz nicht glauben will, dass im zivilisierten Europa eine derart barbarische Vernichtung möglich ist! Immer gilt ihr Mitgefühl den Kindern aller Kriegsnationen. Den Abtransport jüdischer Kinder aus Dänemark in Vernichtungslager betrauert sie ebenso wie die deutschen Kindersoldaten, die in den letzten Kriegstagen sinnlos in den Tod getrieben wurden. Und sollte jemals ihr eigener Sohn Lars einberufen werden, so würde sie ihn »lieber erschießen, als ihn in den Krieg ziehen zu lassen«. 1945 erfand sie Pippi Langstrumpf, Figuren wie sie wurden von ihrer politisch sensiblen Autorin ganz bewusst ausgeschickt: als Vorkämpfer für eine menschlichere, gerechtere und friedliche Welt! Heute so aktuell wie damals.

Worum geht es eigentlich?

Als Ombudsfrau habe ich so manchen Einblick in ganz unterschiedliche Lebenswelten, Hunderte Menschen mit richtigen Problemen wenden sich jede Woche an mein Team und mich. Schicksalsschläge, tragische Geschichten, Behördenirrwege, Streitigkeiten, Verzweiflung und Notfälle. Menschen, die überfordert sind mit der Pflege ihrer Liebsten. Die sich mühen, wie sie ihre Kinder zu lebensfrohen, aufrichtigen Erwachsenen erziehen. Die nicht wissen, wie sie die nächste Miete bezahlen oder sich überhaupt noch das Wohnen leisten können. Die daran zerbrechen, dass nach dem Verlust des Arbeitsplatzes auch noch die Ehe in die Brüche geht. Die nach plötzlicher Krankheit den Boden unter den Füßen verlieren. Menschen, die mit seelischer und körperlicher Gewalt konfrontiert sind. Die mit ihrem geringen Einkommen längst nicht mehr auskommen. Die nicht mehr mitkommen beim geforderten Tempo. Ausgebrannt, ausgelaugt, ausgespuckt. Und das Bedürfnis, anderen die Schuld dafür zu geben, ist bei vielen Menschen beängstigend groß.

Das alles sind Probleme, die dringender politischer Aufmerksamkeit – und Lösungen bedürfen! Warum nur haben die Schlagzeilen, die ich täglich vernehme, so wenig damit zu tun? Warum widmen wir uns nicht längst den echten Problemen? Im wunderbaren Film *Vor der Morgenröte* sagt Josef Hader in der Rolle des großen österreichischen Dichters Stefan Zweig folgenden Satz: »Ich beginne die Politik zu hassen, die Worte für Schlagworte opfert!« Worum geht es eigentlich?

Überleben

Der österreichische Arzt Michael Kühnel, der in Wien eine private Ordination leitet und eine Zusatzausbildung zum Tropenmediziner absolviert hat, arbeitet seit 15 Jahren ehrenamtlich für das Rote Kreuz, oft im Ausland. Sein letzter Einsatz führte ihn nach Westafrika. Jahrelang waren die Menschen dort vom Bürgerkrieg bedroht. Jetzt vom tödlichen Ebola-Virus. »Der psychische Druck ist enorm«, schildert der engagierte Helfer. Jeden Tag werden im Dorf bis zu 15 weiße Säcke vom Krankenhaus zum nahegelegenen Friedhof geschleppt. »Dead Body Management« heißt die Aufgabe des Mannes, dessen Eltern zu Hause nur von »einer Schulung in Afrika« wissen. Was ja auch stimmt, irgendwie. Er schult die Totengräber. Menschen, die ehrenamtlich für ihre Landsleute arbeiten. Die täglich riskieren, sich anzustecken, und die von ihren Bekannten aus Angst vor einer Ansteckung zunehmend gemieden werden.

Michael Kühnel ist Teil eines internationalen Teams. Sein Antrieb ist sein Berufsethos und die Glücksmomente, die er selbst im größten Unglück erlebt. Menschen, die in ihrer Not ihre Dankbarkeit zeigen. Die plötzlich Frieden leben, wo vorher Krieg war. Und dann diese Morgenbesprechung im Krankenhaus: »Als wir erfahren haben, dass der erste Patient die Krankheit überstanden hat. Alle waren da, ausländische Helfer, Einheimische, Ärzte, der Bürgermeister. Und plötzlich haben wir alle zu tanzen begonnen.« In seinen berührenden Blog-Einträgen erzählt Michael Kühnel von seinem Einsatz, und wie Sie die Helfer unterstützen können. www.roteskreuz.at

Zivilcourage

Ein Wohnblock in der Elisabeth-Vorstadt in Salzburg. Mehr als hundert Parteien, hoher Migrantenanteil, viele alleinstehende alte Menschen in kleinen Garçonnièren. Kein guter Boden für Nachbarschaftshilfe, könnte man meinen. Doch da fällt einer Bewohnerin, Anna Gschaider, auf, dass vor einer der hundert Türen seit ein paar Tagen die Zeitungen liegen geblieben sind. Sie klopft und ruft. Keine Reaktion. Sie vernimmt Geräusche, ein leises Husten deutet darauf hin, dass jemand in der Wohnung ist. Wieder klopft sie, diesmal etwas lauter. Doch weiter keine Reaktion. Das sind die Sekunden, in denen sich Zivilcourage zeigt. Einfach weitergehen und den Vorfall vergessen, vielleicht ist ja nichts, ein Missverständnis und überhaupt: Was geht es mich an? Oder: Alarm schlagen! Anna Gschaider entscheidet sich für den richtigen Weg. Sie ruft die Polizei. In der Wohnung wird eine hochbetagte, bereits stark geschwächte Frau gefunden. Rettungseinsatz, Spital, Diagnose: Lungenentzündung. Es ist alles gut ausgegangen.

Es hätte aber auch ganz anders sein können. Was wäre geschehen, ohne die aufmerksame, couragierte Mitbewohnerin? Jeder kennt die entsprechenden Zeitungsnotizen. Die Sekunden, in denen Anna Gschaider beschlossen hat, Verantwortung zu übernehmen, haben Leben gerettet. Dafür großen Respekt und danke!

Spendenfreude

Gerhard B. schreibt mir eine so schöne, wahre Geschichte. Irgendwo, irgendwann, geschehen in den letzten Frühlingstagen. Unterwegs in den Straßen einer Großstadt. In einer Hauseinfahrt sitzt ein namenloser Bettler. Schmutzig, verwahrlost, eine traurige Gestalt, zwischen den Beinen ein Plastikbecher für Geldspenden. Mit unverständlichen Worten bittet er um eine Gabe.

»Ich überlegte. Viele Gedanken schossen durch meinen Kopf: Soll ich ihm was geben? Wie der aussieht! Versauft es vermutlich, schade ums Geld.« Herr B. geht weiter, auch wenn der Blick des Bettlers ihn einfach nicht loslässt und er ihn aus einiger Entfernung weiter beobachtet. »Da kamen Pfadfinder mit einer Sammelbüchse die Straße entlang. Kaum ein Passant gab ihnen etwas, obwohl sie nett und freundlich waren. Fast ängstlich gingen sie bei dem Bettler vorbei und schauten ihn kaum an. Er rief ihnen etwas zu. Sie blieben zaghaft stehen und gingen zu ihm. Der Bettler nahm seinen Plastikbecher und leerte den gesamten Inhalt von seinem Becher in die Sammelbüchse der Pfadfinder!« Der Bettler in der Hauseinfahrt gab ihnen noch ein freundliches Zeichen, das aussah wie eine Segnung. Herr B. beobachtete sprachlos die Szene, berührt und beschämt über seine Gedanken und Vorurteile. »Ich ging nach einer Weile zu dem Mann hin, lächelte ihn freundlich an, wohl noch mit einer Träne im Auge und gab ihm ein Zeichen, das in jeder Sprache verstanden wird. Dann gab ich ihm eine Spende und wollte weg. Er sah mich nur mit einem Strahlen an. Für mich war diese Begebenheit wie Weihnachten im Frühling.«

Gammy

Die Geschichte des kleinen Gammy, der von seinen biologischen Eltern im Stich gelassen wurde, ging um die Welt. Gezeugt in Australien, ausgetragen durch eine Leihmutter in Thailand. Moderne Medizin und eine globalisierte Welt machen es möglich. 10 000 Euro wurden ihr dafür von einer Agentur geboten, ein Vermögen für die erst 21-jährige Pattaramon Chanbua, die in Bangkok in einer Garküche am Straßenrand arbeitet und selbst zwei kleine Kinder hat.

Doch dann passierte Unvorhergesehenes: Es wurden Zwillinge, ein gesundes Mädchen und ein Bub, der Downsyndrom und einen schweren Herzfehler hat. Das war nicht die Bestellung. Die leiblichen Eltern wollten nun eine Abtreibung des behinderten Kindes. Doch die junge Frau weigerte sich, aus einer Leih- wurde eine Löwenmutter, die um das Sorgerecht und das Leben ihres kranken Kindes kämpfte, während die australischen Eltern sich entschieden, nur den gesunden Zwilling mit nach Hause zu nehmen. Unter dem Motto »Hope for Gammy« wurde ein Spendenkonto eingerichtet, die dringend notwendige Herzoperation konnte so finanziert werden. Das ist gut und richtig. Und dennoch darf dieses Ventil für unsere eigene emotionale Not, die wir empfinden, wenn uns eine Situation unfassbar erscheint, nicht der einzige Ausweg sein. »Hope for Gammy« kann für eine viel größere Verantwortung stehen, die wir in einer globalisierten Welt für andere Menschen tragen, für bedürftige und behinderte, für Menschen in Not umso mehr. Statt einer widerlichen »Das habe ich nicht bestellt und geht mich deshalb nichts an«-Mentalität.

Was ist fair?

In Deutschland haben Kindergärtnerinnen gestreikt, um höhere Löhne zu erkämpfen. Dass dieses Thema hierzulande nur wenig diskutiert wurde, liegt hauptsächlich daran, dass die betroffenen Berufsgruppen kaum eine Lobby haben. Aktuell ist es allemal. Was ist fair? Wenn die Höhe des Gehalts auch die Bedeutung der vollbrachten Tätigkeit und gar Anerkennung ausdrücken soll, dann sind es die Gehälter für soziale Berufe wohl kaum. KindergärtnerInnen, Kranken- und AltenpflegerInnen, BehindertenbetreuerInnen, sie alle arbeiten in höchst verantwortungsvollen Bereichen, leisten pädagogische, emotionale, oft auch körperliche Schwerstarbeit. Das bringt der Beruf mit sich, wir erwarten diese Leistungen von ihnen. Wir erhoffen es, wenn wir diese Leistungen plötzlich brauchen und sind tief beeindruckt, wenn wir ganz nah dran sind und erkennen, wie wunderbar ein Pfleger mit einer betagten alten Frau umgeht, wie wichtig und prägend die Kindergärtnerin für das weitere Leben eines Kindes ist, wie sehr ein tröstendes Wort einer Krankenschwester einen schmerz- und angstvollen Krankenhausaufenthalt erhellen kann.

Wenn diese Berufsgruppen höhere Gehälter und bessere Arbeitsbedingungen verlangen, dann ist das nur allzu verständlich und eine längst fällige Diskussion wert. Stellen Sie sich einmal vor, die Kinder, die Alten, die Kranken, die Behinderten blieben einen Tag lang unbetreut. Vielleicht gelingt es uns mit dieser Vorstellung zu beantworten, welche Tätigkeit uns wieviel wert ist? Was ist fair?

Fukushima

Täglich neue Nachrichten von der Katastrophe. Weitere Bilder, neue Details, noch schlimmere Informationen vom anderen Ende der Welt. Wir sitzen hier, weit weg, aber die modernen Medien machen es möglich, dass wir doch ganz nah sind. Wohin mit all den Eindrücken? Wer soll verstehen, was dort geschehen ist? Was soll man sagen, wenn es keine Worte gibt? Was soll man machen, wenn man doch nichts tun kann? Ohnmacht, Zorn, Angst und Trauer mischen sich. Doch es gibt ein Ventil dafür: Anteilnahme. In Internetforen wird der Opfer gedacht, weltweit werden Kerzen aufgestellt, es wird gebetet, meditiert, in stiller Verbundenheit. Wenn in der Stunde des größten Leides jemand da ist. Einfach nur da ist. Sich nicht aufdrängt, zuhört, deine Tränen erträgt und deinen Schmerz. Der deine Hand hält und der zu dir hält – wie schön, wenn man das erfahren darf. Anteil nehmen am Leid anderer, so als würde man es mittragen. Das ist bei Menschen und Situationen, die nahe sind, leichter möglich.

In einem Wiener Park an einem zauberhaften Frühlingsmorgen: Eine japanische Studentin sitzt mit ihren österreichischen Freunden in der Wiese, sie halten sich an den Händen. Sie reagiert auf meine neugierigen Blicke und erzählt: »Meine Eltern in Japan haben mir verboten nach Hause zu kommen, ich kann es kaum ertragen, nicht bei ihnen zu sein. So versuche ich zumindest, dass meine Seele zu ihnen fliegt! Meine Freunde helfen mir dabei.«

Innenweltschutz

Hitzewelle, Regenfront, Überschwemmungen, Hagelschauer, Flutkatastrophen und immer wieder die bange Frage: Sind die Klimaveränderungen daran schuld? Können wir durch Klimaschutz und Energiepolitik etwas daran ändern, durch bewusstes Leben und Handeln selbst einen wichtigen Beitrag leisten? Der Arzt und Psychotherapeut Rüdiger Dahlke äußerte in einem seiner Bücher einen interessanten Gedanken: Umweltschutz, schreibt er, sollte beim »Innenweltschutz« beginnen. So könnte man die derzeitige äußere Situation auf unserem Planeten durchaus als einen Spiegel unseres Lebens sehen. So wie im Außen, so auch im Innen: Unser eigener überdrehter Organismus, der unter Hochdruck und Überlastung zusammenzubrechen droht, als Spiegelbild des Treibhauseffekts, der die Erde bedroht.

Was für ein Treib-, ja Irrenhaus haben wir oft in unserem Alltag? Permanente Überreizung, höher, schneller, besser, mehr ... mehr Erwärmung und immer wieder Katastrophen im täglichen Miteinander. Überhitzte, kranke, durchgedrehte Menschen, die täglichen Schlagzeilen berichten davon. Wie gut würde es manchem tun, mit seinen Energien sorg- und sparsamer umzugehen. »Wer will, dass die Welt so bleibt, wie sie ist, will nicht, dass sie bleibt«, hat Erich Fried vor langer Zeit erkannt. Wer den Veränderungen Rechnung tragen will, muss den Mut und die Kraft aufbringen, bei sich selbst anzufangen.

Alina

Ein E-Mail hat viele Menschen im Lande bewegt. Eine Ärztin schildert die Situation ihrer Patientin: Die 16-jährige Alina leidet an einer neurologischen Erkrankung, bei der sich – vereinfacht gesagt – die Nervenleitungen vom Gehirn in den Körper nach und nach auflösen. Sie muss rund um die Uhr gepflegt werden, kann nicht mehr selbstständig essen oder atmen, ihre Lebenszeit ist begrenzt. Die Familie hat ein kleines Wochenendhaus im Burgenland – dorthin möchte sie sich gerne zurückziehen. Doch das Häuschen muss umgebaut werden, damit Alina entsprechend gepflegt werden kann. Ein denkbar schwieriges Vorhaben, denn neben der intensiven 24-Stunden-Pflege bleibt kaum Zeit für Planungstätigkeiten, Handwerkersuche und Bauarbeiten.

Da hatte Alinas behandelnde Ärztin die Idee, ob nicht viele helfende Hände die Familie bei der Verwirklichung des Traumes unterstützen könnten, und wandte sich an das »Team Österreich«. Und die freiwilligen Helfer kamen! Firmen und Privatpersonen, im Urlaub, in der Freizeit, Ärmel aufkrempeln und anpacken! »Wir kennen das Mädchen ja gar nicht, aber wir haben das gemeinsame Ziel, ihr zu helfen!«, sagte eine Frau. Helfen, ohne zu fragen wem, so formulierte es einst Rot-Kreuz-Gründer Henri Dunant. Keiner weiß, wie lange Alina das umgebaute Häuschen bewohnen wird können. Eigentlich ist es auch egal, ob es eine Stunde, ein Tag, oder ein Monat sein wird. Nach »lieben« ist »helfen« das schönste Zeitwort der Welt, sagte einst Bertha von Suttner.

Larissa

Im Sommer 2014 wurde im Mordfall Larissa das Urteil gegen den Täter – 20 Jahre Haft – bestätigt. Der »Fall Larissa« hatte österreichweit für Aufsehen gesorgt. Nach der 21-Jährigen war wochenlang gesucht worden, ihre Leiche wurde schließlich im Inn entdeckt. Der 24-jährige Freund des Opfers hatte sich noch selbst an der Suche beteiligt. Nachdem sich der Verdacht gegen ihn erhärtet hatte, legte er ein Geständnis ab. Die Fotos zeigen uns ein hübsches, lebenslustiges, offenes, frohes Mädchen. Im Internet hat sie den jungen Mann kennengelernt. Wie das heute halt so ist. Große Emotionen in einer digitalen Welt, die mit der realen oft nicht mithalten kann.

Eine schwere Persönlichkeitsstörung wird der Gutachter dem Täter später attestieren. Vor Gericht steht der junge Mann auch vor Larissas Eltern. Unvorstellbar, welche Schmerzen die Eltern des Mädchens wieder ertragen müssen! Aug in Aug mit diesem jungen Mann. Und doch nicht Zahn um Zahn! Verzeihen? Dafür müsste man wahrlich übermenschlich sein. Wer könnte das, ich weiß es nicht. Ich möchte es mir gar nicht vorstellen. »Er darf eigentlich nie mehr rauskommen. Er darf nie mehr die Möglichkeit bekommen, jemandem so etwas anzutun«, sagt die Mutter im Interview. Der Täter hat zwei Familien zerstört. Nichts ist mehr so, wie es einmal war. Und dann sagt die Frau diesen bemerkenswerten Satz: »Ich bin in Gedanken auch bei den Eltern des Täters. Was machen die mit? Ich möchte mit seiner Mutter reden, ihr meine Anteilnahme ausdrücken. Ihr sagen, dass sie als Eltern nicht versagt haben.« Diese Größe kann nur das Herz einer Mutter haben.

Nach der Flut

Jetzt scheint die Sonne. So als wäre nichts geschehen. Wie ein Hohn für die Menschen, die seit Tagen nicht zur Ruhe kommen. Und doch sind sie froh darüber, wenigstens nicht selbst vollkommen durchnässt zu sein beim Helfen, wenigstens trocknet der Schaden ein bisschen. Wenigstens ... die Tausenden Helfer haben gerade einmal wieder eine Nacht durchgeschlafen, um Kraft zu tanken fürs Weiterarbeiten. Die Sonne scheint, das Hochwasser von gestern interessiert heute schon keinen mehr. Keinen, der nicht selbst betroffen ist. Jetzt heißt es aufräumen, die unendlichen Massen an Schlamm und Schutt beseitigen. All das, was die Wassermassen aufgewühlt und zerstört haben. Das Wasser bringt alles an die Oberfläche, auch das, was man gar nie sehen wollte.

Schön langsam begreifen die betroffenen Bewohner, was geschehen ist. Dem ersten Schock, den Tränen der Wut und Verzweiflung folgt das Beseitigen der Schäden. Das Wasser aus dem Keller, aus der Wohnung pumpen. Mit Spezialgeräten, mit Kübeln, Schöpfern, mit den Händen. Was kann man trocknen, was nur mehr wegwerfen? Und wer hilft dabei? Familienmitglieder, die einander stützen, die Tausenden Freiwilligen, die zur Stelle sind. Die sich bei der Feuerwehr zusammentun, um für andere da zu sein. Das Netz der Mitmenschlichkeit auswerfen, immer und immer wieder ist es der Kitt des Zusammenlebens. Tausend Mal Danke sagen fürs Helfen in der Not, fürs Dasein, fürs Zuhören und für körperliche Arbeit bis zum Umfallen. Menschen mit Sonnenstrahlen im Herzen!

Obenauf

Die Caritas Wien eröffnet etwas völlig Neues: ein kleines Hotel, das Menschen mit intellektueller Behinderung Arbeit, Weiterbildung und Einkommen bietet. Das »OBENauf« in Unternalb bei Retz/NÖ. 15 Mitarbeiter sollen hier einmal tätig sein, unter ihnen die 27-jährige Nicole, bisher war sie bei der Caritas als Küchenhilfe, Reinigungskraft und in der Tischlerei tätig. Die Mitarbeiter der Tischlerei waren es auch, die den Holzfußboden des neuen Hotels erneuert haben, Sessel und Möbel für die Zimmer gefertigt haben. Die können das! Wie schnell neigen wir dazu, Menschen mit intellektuellen Beeinträchtigungen oder psychischen Erkrankungen zu unterschätzen, statt sie mit Geduld und Kompetenz zu begleiten.

Zusammen mit lokalen Betrieben und Fachleuten wurde das neue Herzeige-Projekt geschaffen. Mit dabei auch 25 Architekturstudenten der TU Wien, die bei der Planung des neuen alten Gutshofes ihr Gelerntes einbrachten. Eine seltene Möglichkeit für Studenten, etwas Konkretes, Soziales, Nachhaltiges zu gestalten! Die Gäste können kommen, Familien, Radfahrer, Natur-, Kultur- und Weingenießer, Weinviertel-Urlauber, das neue Hotel erwartet sie. Nach dem Hotel »magdas«, das im Wiener Prater Flüchtlinge beschäftigt, ist das »OBENauf« erneut eine ganz besondere soziale Innovation. Und es ist viel mehr als das. Arbeit neu denken, eine der wichtigsten Aufgaben unserer Zeit!

Festmahl

Zum Ende der Festspielsaison in Salzburg wird es am 27. August im Mirabellgarten eine ganz besondere »Tischgesellschaft« geben. Unter dem Titel »Festmahl« sitzen hier sozial bedürftige Menschen und begüterte Gäste an einem Tisch, reden, lachen und erfreuen sich am 5-gängigen Menü. Büffelmozzarella, Schwammerlragout, Paella Verdura, Schokoladenkuchen und Frucht-Mix Jedermann werden serviert. Ein engagierter Versuch, in diesem besonderen Rahmen Diskriminierung abzubauen und Schwellenangst zu verringern. »Oh, Jedermann, zu dir heb ich die Hand. Hab auch einst bessre Tag gekannt. War einst dein Nachbar, Haus bei Haus. Dann hab ich müssen weichen draus.«

Oftmals bleiben gerade Menschen, die von Arbeitsverlust betroffen, auf Sozialhilfe angewiesen oder Empfänger einer Mindestrente sind, anonym. Sie leben im Verborgenen, empfinden es als Schande, arm zu sein. Beim Festmahl bekommen sie Gesichter und Geschichten, ihre Träume, Sehnsüchte, Vorstellungen vom Leben können sie an diesem Abend mit denen teilen, die nicht von finanziellen Sorgen geplagt werden – die aber oft ganz ähnliche Träume und Sehnsüchte haben. Ein Austausch unter Menschen, die bereit sind, über ihren Tellerrand zu schauen. Das Sozialprojekt »Festmahl« ist eine bemerkenswerte private und ehrenamtliche Initiative, Menschen in schwierigen Lebenslagen Anerkennung, Würde und Werte erleben zu lassen. Mensch sein, Gast sein. »Doch jeder Tag liegt nun bereit, dass man den Menschen helfen kann, den Armen, Schwachen, jedermann.« Ein unterstützenswertes Projekt: www.das-festmahl.at.

Schweigen

»Lasst uns eine Minute schweigen«, sagte Kazimierz Albin, einer der Überlebenden, der zur Gedenkfeier nach Auschwitz gekommen war. Zuhören und schweigen, das sind manchmal so wichtige Tugenden. Es sind die letzten Zeugen, die hier sprechen. Bewegende Momente bei der Gedenkfeier. Halina Birenbaum: »Die Flucht vor der Erinnerung, dass Menschen keine Lust haben zu gedenken, das erschüttert mich zutiefst, weil ich weiß, in welche Höllen diese Gedanken führen.« Wir hören Erinnerungen an die größten Unmenschlichkeiten. »In Auschwitz war eine Minute wie ein ganzer Tag. Ein Tag war wie ein Jahr. Ein Monat war wie eine Ewigkeit. Aber wie viele Ewigkeiten kann ein einziger Mensch überleben?«, fragt Roman Kent. Und Worte tiefer Menschlichkeit. Eva Schloss: »Der Mensch hat doch Hoffnung. Das ist und war eigentlich das Wichtigste, immer zu hoffen, dass vielleicht ein Wunder passiert und wir überleben. Das hat mich am Leben erhalten.«

Erich Richard Finsches: »Es gab schrecklich brutale Leute, aber auch solche, die sich relativ menschlich verhielten, denen man ansah, dass sie das in dieser Form nicht gewollt haben!« Roman Kent: »Wir Überlebende wollen, dass die neuen Generationen Toleranz und Menschenrechte lernen und weitergeben.« Der alte Mann beginnt zu weinen, er hält inne und beginnt noch einmal. »Ihr müsst euch gegen Rassismus und Antisemitismus mit aller Kraft wehren.« Und dann gibt er den Zuhörenden noch einen einfachen Rat mit: »Hass ist immer im Unrecht. Und Liebe ist nie falsch.«

Zeichen

Eine Nachricht, die mich berührt: Papst Franziskus besucht die Flüchtlinge in Lampedusa. Vor der Küste der Insel spielen sich seit Jahren Flüchtlingsdramen ab, vor denen Europa die Augen verschließt. Jorge Mario Bergoglio hat mit seinem Besuch ein Zeichen der Solidarität gesetzt. »Willkommen bei den Letzten!«, stand auf einem Spruchband. Von einem Boot warf der Papst einen Blumenkranz ins Meer, zum Gedenken an die Menschen, die die Überfahrt von Nordafrika nicht überlebten, begleitet wurde er von 120 Fischerbooten. In seiner Predigt bat er Gott um Vergebung für die »Grausamkeit in der Welt, in uns und auch in jenen, die in der Anonymität Entscheidungen sozialer und wirtschaftlicher Natur treffen.«

»Wir werden immer unsensibler gegenüber anderen.« Das führt zu einer »Globalisierung der Gleichgültigkeit.« Ein Satz, der zum Nachdenken auffordert. Wieder war es eine ganz besondere Geste, die der Papst gesetzt hat. Wie zu Ostern, als er zwölf weiblichen und männlichen Insassen des Jugendgefängnisses die Füße wusch und erklärte: »Unter uns muss der Höchste der Diener der anderen sein.« Das ist ein Symbol, ein Zeichen – oder etwa nicht? Menschen, die am Rande stehen, werden allzu oft zu einer Randnotiz in den Medien. Die Zeichen des obersten Kirchenmannes sind deshalb so bemerkenswert, sie schaffen Vertrauen und zeigen eine Mitmenschlichkeit, die für uns Ziel bleiben muss. Danke!

Weihnachtsfriede

Helmut S. aus Völkermarkt ist 92 Jahre alt. Jedes Jahr zur Weihnachtszeit erinnert er sich an diese Geschichte in seinem Leben, die er mir anvertraut: »Ich bin 1923 geboren. Wie alle jungen Männer meiner Generation musste ich in den Krieg. Kurze Ausbildung, ab an die Front. Von Salzburg ging es mit dem Zug bis Lemberg. Von dort in Gewaltmärschen bis ans Schwarze Meer. Dann mit Lastwagen an die Front, in die Nähe von Sotschi-Elbrus. Am Weg durch die Ukraine bekam ich wie viele meiner Kameraden die Ruhr. Die Hitze, der Staub der Lastwagenkolonnen, die vielen Fliegen, nach einem Monat wog ich nur mehr 40 Kilogramm, war so geschwächt, dass ich bewusstlos im Zelt lag. Noch in der Nacht kam ich ins Lazarett nach Taganrog, wo früher eine Universität war. Die russischen Studentinnen arbeiteten dort als Krankenschwestern, sie sprachen alle perfekt Deutsch. Es war der 24. Dezember 1942, ich lag im Lazerett und ich war am Leben. Mit wurde geholfen, ich wurde gepflegt. Die Schwestern sangen ›Stille Nacht‹, zuerst russisch, dann deutsch, und mir rannen die Tränen über die Wangen. Jedes Jahr, wenn wir Weihnachten feiern, denke ich an diesen Tag, der mein Leben verändert hat. Die Krankheit – und die Schwestern im Lazarett – haben mir das Leben gerettet.« Erinnerungen wie diese sind besonders wertvoll und wichtig.

Leonie

Sie war ein absolutes Wunschkind. Nach zwei Eileiterschwangerschaften waren die Eltern auf künstliche Befruchtung angewiesen. Acht Jahre später war es endlich so weit. Bei der Geburt gab es Probleme, deshalb holte man den Säugling mit Saugglocke und Zange in die Welt. Sie brach sich dabei das Schlüsselbein. Ein Mädchen, das sich stundenlang ins Leben kämpfte. »Als ich neben dem Brutkasten stehe, wie sie am Bauch liegt und ruhig atmet, stützt sie sich mit den Händen auf und hebt den Kopf, eine Kämpferin von Anfang an«, schreibt ihr Vater Michael später. Wie eine Löwin. Sie bekommt den Namen Leonie. Ein kleines Kind, ein Wunder. Freude und Tränen und immer mehr Freude.

Drei Jahre später hatte Leonie ihren ersten Krampfanfall, sie beginnt immer wieder zu stürzen, im Sitzen knickt sie mit dem Oberkörper nach vorne. Sie blinzelt sehr oft, verdreht dabei die Augen. Beunruhigung bei den Eltern, zahlreiche Untersuchungen, große Sorgen. Die Diagnose: NCL, »Neuronale Ceroid-Lipofuszinose«, eine seltene Stoffwechselerkrankung mit schwerwiegenden Folgen. Leonie spricht nicht mehr, sie zittert oft und hat Spastiken. Die Betreuung des behinderten Kindes bringt die Eltern an ihre Grenzen. Schwierigkeiten in der Schule, mit den Ämtern. Leonie ist anders. Sie ist besonders. Über Facebook und Youtube berührt sie mit ihrer Geschichte und ihrem Wesen Tausende Menschen.

2013 ist Leonie für immer eingeschlafen. Die tapfere kleine Löwin wurde nur sechs Jahre alt. Sie hat uns wissen lassen, wie wichtig es ist, Zerbrechlichkeit und Schwäche ins Zentrum unserer Gesellschaft zu rücken. Danke.

Gib mir 'n kleines bisschen Sicherheit
In einer Welt, in der nichts sicher scheint
Gib mir in dieser schnellen Zeit
Irgendwas, das bleibt[24]

SILBERMOND, *IRGENDWAS BLEIBT*

Kapitel 7 | Halt mich

Gib mir irgendwas, das bleibt. Es fehlt der Halt. Das ist, in aller Kürze, ein Ergebnis der Jugendstudie 2016, erstellt von Integral und T-Factory[25]. Drei Viertel der unter 30-Jährigen suchen Halt und Orientierung in einer unübersichtlich gewordenen Welt – ein deutlicher Anstieg in den letzten fünf Jahren. Die Welt draußen wird sehr pessimistisch gesehen: Nur 18 Prozent glauben an eine positive Zukunft der Gesellschaft. Seit der Jahrtausendwende ist man mit einer permanenten Krisenstimmung konfrontiert. Die Vervielfältigung der Optionen durch Globalisierung und Digitalisierung bringt Faszination, aber auch Überforderung mit sich. Diese Unsicherheit hat sich über die letzten Jahre noch verstärkt. Das Vertrauen in die Funktionstüchtigkeit des Staates und die Kompetenz unserer Eliten ist noch weiter gesunken, die Zukunftsängste nehmen zu. Weiters ist ein Drittel der Jungen skeptisch, was ihre persönlichen Zukunftschancen angeht, und zusätzlich fast jeder Zehnte – speziell aus bildungsfernem Elternhaus – fühlt sich abgehängt und ist hoffnungslos. Es gibt aber auch einen Bewältigungsoptimismus, der motiviert.

Ich bin aufgewachsen in einer Welt, die mir scheinbare Sicherheit vermittelt hat. Es gab noch den Kalten Krieg, das Gleichgewicht des Schreckens. Wir kämpften in der Friedensbewegung gegen Aufrüstung, gegen Atomraketen und gegen Atomstrom, für Bäume, Wälder, Auen, Flüsse, Gorillas. Wir hatten eine Idee davon, wer die Guten und die Bösen sind. Und es gab Frieden. Als wäre das ein ganz selbstverständlicher Normalzustand. Auf Urlaub ins Ausland zu fahren, war eine Besonderheit, ein Auslandssemester im Studium zu absolvieren, eine Seltenheit. Es gab

Grenzkontrollen, verschiedene Währungen und Erdbeeren nur im Sommer. Wir haben Geschirr noch mit der Hand abgewaschen, das Telefon stand im Haus und die Leitung war nur frei, wenn die Nachbarn nicht telefonierten. Zwei Fernsehprogramme und die Nationalhymne zum Sendeschluss. Ein Termin wurde vereinbart und eingehalten, nicht via SMS verschoben. Wir haben Tagebuch geschrieben, und das kann ich auch heute nachlesen. Es hatte Gültigkeit für meine Ewigkeit. Es war nicht alles gut, aber es wurde immer besser. Wir haben die Erfahrung gemacht, dass sich die Dinge positiv entwickeln. Nicht von selbst, aber durch Hartnäckigkeit, Arbeit, Glück, Zufall. Wer gefallen ist, wurde aufgefangen. Das hält.

Heute werden Botschaften via Snapchat verbreitet. 10 Sekunden, dann sind sie verschwunden im digitalen Universum und gespeichert, wer weiß wo. »Urban Explorers« nennen sich jugendliche Grenzgänger, die vollkommen ungesichert auf die höchsten Gebäude klettern, verlassene Bunker entern, verbotenes Terrain betreten: »Wir zogen los zum höchsten Wohngebäude, schlüpfen vorbei an der Security. 40 Stockwerke hinauf im Stiegenhaus, ganz oben eine geschlossene Tür, auf der groß stand, dass der Alarm ausgelöst wird, wenn wir sie öffnen. Egal, Tür auf – und vor unseren Augen geht die Sonne hinter der Stadt unter, das war wie eine Erleuchtung. Fürs Foto an die Gebäudekante, ich nahm alle Kraft zusammen, überwand den Schiss, schwang meine Beine über die Kante und ließ sie hinunterbaumeln. Bäng! Das Adrenalin schoss ein. Von da an konnte ich von dieser Art Abenteuer nicht mehr genug bekommen!«[26]

Eine fremde, merkwürdige Welt, faszinierend, aber unglaublich weit weg. Das Lebensgefühl einer Generation? Adrenalin, um den Moment zu spüren. Ein Foto online für die Welt. Und wenn es das letzte ist. Tattoos auf jedem Arm, im Gesicht, am Hals, Symbole, Zeichnungen, Beschwörungen, Gelübde – jeder vierte Österreicher trägt heute Tätowierungen – ein vielsagender Trend, als würde sonst nichts mehr für immer und ewig halten.

Der Autor und Journalist Matt Haig beschreibt in seinem Buch *Ziemlich gute Gründe, am Leben zu bleiben* unsere Welt so: Es ist eine Welt, die scheinbar immer stärker darauf ausgerichtet ist, uns unglücklich zu machen. Glück ist nicht gut für die Wirtschaft. Wären wir glücklich mit dem, was wir haben, warum sollten wir noch mehr wollen? Wie verkauft man Antifaltencreme? Indem man den Leuten Angst vor dem Altern macht. Wie überzeugt man sie, dass sie eine Schönheitsoperation brauchen? Indem man sie auf ihre körperlichen Makel hinweist. Wie bringt man sie dazu, ein neues Smartphone zu kaufen? Indem man ihnen das Gefühl gibt, sie würden sonst den Anschluss verpassen. Wie bringt man sie dazu, eine Versicherung abzuschließen? Indem man ihnen Angst macht. Und die Angst wird verschärft durch unsere Lebensweise und die Dinge, die uns umgeben: Smartphones, Twitter-Follower, Facebook-Likes, Instagram. Datenflut. Unendliche Möglichkeiten und sofortige Befriedigung aller Bedürfnisse. Die große Freiheit? Sören Kierkegaard sagte: »Angst ist das Schwindelgefühl der Freiheit.« Doch von welcher Freiheit sprechen wir?[27]

Matt Haig beschreibt treffend das vorherrschende Lebensgefühl: eine Zeit, in der Heilserwartungen brüchig geworden sind, das Tempo im wahrsten Sinne des Wortes atemberaubend, die Getriebenheit, die ständige Reiz-Anflutung, die dauernde Verfügbarkeit, die unablässig geforderte Flexibilität, die ständige Ablenkung in einer nie dagewesenen Ökonomisierung. Besser, schneller, höher, weiter, schöner, berühmter … Eine narzisstische Aufblähung des Einzelnen, mit Markenartikelwahn im Kleinkindalter, mit Next-Topmodel-Shows in der Jugend, mindestens zwei akademischen Abschlüssen und drei Auslandssemestern an der Uni und Seniorenweltmeisterschaften im Alter, in sechs Kategorien, am besten bei den über 80-Jährigen. Und er beschreibt das Geschäft mit der Angst. Das Eindringen der Ökonomie in die letzten Winkel der Seele.

Bis vor Kurzem hatten wir nur Sorge, dass unsere Kinder zu verwöhnt sein könnten und an zu vielen Möglichkeiten und zu wenigen Widerständen verzweifeln. Doch das hat sich geändert. Wir leben im Paradies und bemerken doch, dass es keine Insel ist.

Mehr Sicherheit, mehr Toleranz, mehr Reichtum, mehr Freiheit ist schwer vorstellbar. Auch wenn es die Fallen-Gelassenen, An-den-Rand-Gedrängten gibt. Doch in den letzten Jahren veränderten sich die Sorgen. Es kommt mir vor, als seien die Fundamente plötzlich wieder in Gefahr. Was selbstverständlich schien, ist nicht mehr selbstverständlich. Eine ziemlich verstörende Erkenntnis. Friede. Soziale Wärme. Arbeit. Würde. Zusammenhalt. Die gesellschaftliche Balance ist nicht mehr intakt. Fast überall, so scheint es, schwillt die Wut an, wird herumgebrüllt, ist die Gesellschaft gespalten. Nicht nur in Arm und Reich oder Oben und Unten oder Links und Rechts. Eher in Wütend und Gelassen, in Empört und Zuversichtlich. Die eine Hälfte setzt auf Abschottung und Nationalismus, die andere auf Offenheit und Zusammenarbeit. Die eine sieht in Fremden eine Bedrohung, die andere in Fremdenfeindlichkeit und Rassismus. Die einen haben Angst vor Flüchtlingen, die anderen haben Angst vor denen, die die Angst schüren. Für die eine Hälfte ist Europa ein Monstrum, für die andere eine Hoffnung. Für die einen sind die Alten ihre Partner, für die anderen zerstören sie ihre Welt.[28]

Und es bröckelt das Grundlegende, die wichtigsten Spielregeln. Es scheint, als löste sich eine lange gültige Gewissheit auf. Die Gewissheit, dass es der nächsten Generation besser gehen wird als der vorherigen. Und die demokratische Erkenntnis, dass den Jungen zwar die Zukunft gehört, die Alten aber in unserem Teil der Welt die Mehrheit sind. Wie findet man in dieser Welt Halt und Sicherheit?

Die Zukunft ist wieder offen. Das, was so abstrakt Globalisierung heißt, schiebt sich massiv in unser Leben: die teils aufreizend ungleiche Verteilung des Reichtums zwischen den wenigen und den vielen. Die destruktive Ungerechtigkeit zwischen Nord und Süd. Die Flüchtlinge. Die Arbeit. Die Eltern. Die Gesundheit. Die Beziehungen. Wie das alles bewältigt, ausbalanciert, neu justiert werden kann, ist ungewiss.

Auch unser Wertefundament scheint ins Wanken gekommen zu sein wie lange nicht mehr. Freiheit, Gleichheit, Solidarität – sind das noch Prinzipien, an denen alle gemeinsam festhalten? Inzwischen dürfen sie anscheinend offen hinterfragt werden; aus Stammtischgegrummel werden offen gebrüllte Parolen. Gerade im Internet schlägt einem der Hass oft ungefiltert entgegen. Das sich immer weiter ausbreitende Gefühl, dass unser Wirtschaftsleben kein faires Spiel mehr ist, dass es nur noch um das Recht des Stärkeren geht, ist wahrscheinlich eine der Tiefenursachen für all die Ressentiments, die in den letzten Monaten an die Oberfläche gekommen sind. Es ist ein großes Privileg und keineswegs ein individuelles Verdienst, in einem Land geboren worden zu sein, in dem man in Frieden und Wohlstand leben kann. Wie schafft man es, zusammenzustehen gegen diejenigen, die nicht von berechtigten Sorgen um Sicherheit und sozialen Zusammenhalt, sondern von Feindseligkeit und Verachtung für alles Fremde angetrieben werden? Wie gelingt es, unsere Gesellschaft fair zu gestalten und die Reihen zu schließen gegen Hass und Gewalt?[29]

Jugendliche haben eine schwierige Aufgabe zu bewältigen: Konfrontiert mit vielen Wahlmöglichkeiten müssen sie Entscheidungen treffen, Zukunftsängste wegschieben, um ihren Alltag zu bewältigen. Die wichtigsten Entwicklungsaufgaben, die gelöst werden müssen, sind die Ausbildung einer stabilen Identität sowie die Integration in Gemeinschaft und Gesellschaft. Was wird dabei als Bewältigungsstrategie entdeckt? Der »Rückgriff auf Wertsysteme der Vergangenheit«, die »Weltflucht der Hedonisten« und das »Anpacken, Mitmachen, Sich-Durchsetzen«.

Univ.-Prof. Dr. Alexander Batthyány, Vorstand des Viktor-Frankl-Instituts, sieht eine seelisch-geistige Armutskrise, in der wir uns derzeit befinden, ein »psychisches Existenzminimum«, eine oft stumme Entmutigung, die sich wie ein trüber Unterton in den Alltag einschleicht und den Betroffenen die Fähigkeit oder Bereitschaft nimmt, aktiv und lebendig am Leben teilzunehmen. Damit verbunden ist der Verlust der Fähigkeit, sich von kleinen und großen Sinnmöglichkeiten des Alltags ansprechen zu lassen. »Zahlreiche Forschungsarbeiten bestätigen heute, was Viktor Frankl schon am Anfang des vergangenen Jahrhunderts vermutet hat: Sinn- und Wertkrisen haben nicht nur soziale, sondern auch gesundheitliche Auswirkungen. Sie machen anfällig für psychische Krankheiten, für ungesunde Lebensentwürfe. Menschen, die nicht wissen, dass und wofür sie gebraucht werden, sind gefährdet. Es ist ja auch wenig da, für das es sich lohnt, heil zu bleiben«, so Batthyány.

Die – vielleicht überraschende – Perspektive der Logotherapie dazu ist: Seelisch arm werden wir weniger durch das, was wir nicht bekommen, als durch das, was wir nicht aussenden und geben, obwohl wir es könnten und eigentlich sogar wollen. »Dann merken wir mit einem Mal: Mein Leben ist ja viel mehr als nur erwarten, verteidigen und überleben:

Es bedeutet teilnehmen, teilen, Verantwortung tragen, Sinn suchen und erfüllen – im Kleinen wie im Großen. Das kann jeder. Jeder von uns kann ein freundliches, gutes Signal in die Welt setzen. Das verlangt uns nicht viel ab. Solche kleinen Dinge kosten uns nichts und – paradoxerweise – bereichern sie uns und die Welt gleichermaßen. Und zwar genau in dem Maße, in dem wir sie zu geben bereit sind!«, erläuterte Batthyány anlässlich des dritten Viktor-Frankl-Kongresses in Wien.

Psychologen stellen heute tatsächlich vermehrt eine in diesem Ausmaß neue soziale und psychologische Bewegung fest. Wut und Ablehnung als Lebenshaltung. Die Forschung zeigt: Davon versprechen sich Menschen eine Überwindung der eigenen Gleichgültigkeit. Und die Rechnung geht kurzfristig sogar auf: Sie fühlen sich wieder stärker, wenn sie ihre Kräfte gegen etwas einsetzen. Es ist daher ziemlich beliebig, wogegen sich die Ablehnung richtet. Doch unzufriedenen Menschen geht es nicht besser, wenn sich zum Frust auch noch Aggression gesellt. »Aus etwas Negativem ist noch nie etwas Gutes erwachsen – es gibt keine Gewinner, wenn wir unser Leben, Denken, Handeln und Entscheiden von Resignation, Ablehnung, Hass und Engstirnigkeit lenken lassen. Insofern gehen gesellschaftliche und psychologische Verantwortung Hand in Hand, man kann das nicht trennen.«

Als Viktor Frankl in den 1920er-Jahren als Jugendberater in Wien tätig war, gab es eine hohe Jugendarbeitslosigkeit und -frustration – gar nicht unähnlich zur heutigen Zeit. Unter den jugendlichen Arbeitslosen häuften sich Depressionen, Süchte und Gewalt, auch politische. Als Berater oder Psychotherapeut konnte Frankl die sozialen Umstände nicht unmittelbar ändern; aber: die Nutzung der ungewollten Freizeit als Arbeitsloser – über die war noch zu verhandeln, hier war Freiheit und Verantwortung. Frankl half ihnen, persönlich sinnvolle Aufgaben zu suchen, und viele dieser Jugendlichen fingen tatsächlich an, ihre ungewollte Freizeit konstruktiv zu nutzen: Der eine lernte Fremdsprachen, ein anderer kümmerte sich um die Alten der Gesellschaft, ein anderer half in der Suppenküche aus, wieder ein anderer pflegte Gräber – alles ehrenamtlich, als Beitrag zu einer damals extrem krisenhaften Gesellschaft. Im Geben und Verantwortung für sich und andere Übernehmen blühten diese jungen Menschen wieder auf. Das, was Viktor Frankl dem verunsicherten Menschen des vergangenen Jahrhunderts zu sagen hatte, ist heute aktueller denn je.[30]

Im Sommer 2015 wird der »Train of Hope« zum Symbol der Hilfsbereitschaft, Hunderte Menschen, hauptsächlich junge, kommen zum Bahnhof und packen an. Über verschiedene Social-Media-Kanäle verbreiten sie, was gerade gebraucht wird, die Organisation erfolgt präzise, professionell, beherzt, unglaublich. Das Ziel war die Versorgung der aus ihrer Heimat Geflohenen mit Nahrungsmitteln, Sachspenden oder auch Informationen. Wichtiges Anliegen war dabei, dass sich die Reisenden willkommen fühlen und ihnen ein Moment der Ruhe ermöglicht wird. »Die Freiwilligen von ›Train of Hope‹ haben uns gezeigt, wie man respektvoll und empathisch handelt und dabei mit größtem Einsatz Menschen, die unendliches Leid erleben mussten, die Würde zurückgibt«, sagte Präsidentin Barbara Helige später bei der Verleihung des Menschenrechtspreises für das Projekt. »Train of Hope«, ein hoffnungsvoller Name für das Tun der Jungen.

Auf der Suche nach Sicherheit, Halt und Glück lohnt es sich mitunter, auf Bewährtes zu schauen, zurückzugreifen auf vergessene Talente und sich zu fragen: Was hat mich früher glücklich gemacht? Wobei habe ich als Kind die Zeit vergessen und die Sorgen?

»Man muss auf der Suche nach dem besseren Leben nicht unbedingt zu neuen Ufern aufbrechen. Manchmal reicht die Rückkehr in altvertraute Gegenden: ins Freibad an einem frühen Sommermorgen, auf einen Pferderücken, auf eine Obstwiese spätnachmittags oder an einen Abendbrottisch mit fingerdicken Salamischeiben, Graubrot und Hagebuttentee.

Wenn ich mich frage, wo ein Glück zu finden ist, dann gibt der Blick auf meine glücklichsten Erinnerungen wertvolle Hinweise. Zwar lässt sich nicht jede Kindheitsromantik beliebig ins Erwachsenenalter übertragen, aber ich denke, die Saiten für das, was unsere Seelen zum Klingen bringt, werden früh gestimmt.«[31]

Kürzlich habe ich eine Schulklasse besucht, bei der das Unterrichtsfach »Glück« am Stundenplan steht. Ein Schüler sitzt in der Mitte eines Sesselkreises, alle anderen sind dazu aufgefordert, positive Eigenschaften, Charakterstärken zu benennen. »Du bist eine gute Freundin«, wurde gesagt, oder »Du hast viele Talente«, »Deine Haare sind schön«, »Ich spiele gerne mit dir«, »Du bist immer fair zu allen«, eine »Glücksdusche«, die die Kinder stärken soll. Halt und Stärke in sich selbst zu finden, darauf wird es ankommen. Wissen, was man kann, suchen, wer man ist, und dann losziehen. Es kommt auf dich an.

Wer seine Stärken ausspielt, statt immer über seine Schwachstellen zu grübeln, lebt zufriedener, ergaben die Forschungen von Psychologen. Besonders entscheidend für ein glückliches Leben sind Neugier, Bindungsfähigkeit, Dankbarkeit, Humor, Ausdauer und Enthusiasmus.

Bei der nächsten Übung liegen in der Mitte des Raumes Fotos, jeder Schüler wählt eines davon. Ein anderer Schüler muss dann beschreiben, warum dieses Bild gewählt wurde. Der braungelockte Ovid erklärt sich bereit, mich zu beschreiben. Ich wähle ein Foto, das eine Detailaufnahme aus einem Mikado-Spiel zeigte. Die beliebten Holzstäbchen mit bunten Streifen, rot, blau, die Anzahl der Streifen ergibt im Spiel die Punkte. Und wehe, es bewegt sich ein Stäbchen! Was sagt dieses Bild über mich? »Nachdenklich, geduldig, genau«, schreibt Ovid auf mein Kärtchen, »sieht Kleinigkeiten und daraus entsteht eine große Stärke.« Ich trage das Kärtchen in meiner Geldbörse, und wenn ich es brauche, nehme ich es heraus.

Was sind meine Stärken?

Worauf kann ich mich stützen?
Wer oder was gibt mir Halt?

Was waren meine Talente in
meiner Kindheit und Jugend?
Welche Rolle spielen sie heute in
meinem Leben?

Schulschluss

Das Schuljahr neigt sich dem Ende zu. Noch einmal lernen für die letzte Schularbeit, die letzte große Prüfung, das »letzte Rennen«. Ich sehe in diesen Tagen Tonnen von felsbrocken-artigen Steinen, die Eltern von ihren Herzen fallen, wenn der Schützling es geschafft hat! Und genau in dieser Zeit zwischen Entscheidungsprüfung, Maturastress, Schulausflug und Zeugnisverteilung schreibt mir eine Leserin, Margit Gludovatz, von einer ganz besonderen Idee.

Nein, sie will nicht in die allgemeine Schulkritik einstimmen, nicht das System verändern, Lehrer, Politiker und Gewerkschafter schelten. Ihre Idee ist viel einfacher. »Neben dem Klassenbuch und Zeugnissen sollte jeder Lehrer ein Karteikästchen führen. Jeder Schüler bekommt eine Karteikarte, und auf der werden nur die positiven Eigenschaften und Ereignisse eingetragen!« Also: Julia hat ein bezauberndes Lächeln! Oder: Fabian vermittelt immer wieder im Streit zwischen seinen Mitschülern! Oder: Zeki kann Dankbarkeit empfinden und ausdrücken! Eine Kartei mit dem Schönsten, Besten, Berührendsten, was Schüler zu bieten haben, gesammelt über Jahre. Am Schulende bekommt jeder Schüler sein Karteikärtchen. Eine Kartei, die Lehrern dabei helfen würde, ihren Blickwinkel auf Schüler zu verändern. Und ein Schulabschluss-Geschenk, das vielleicht sogar das Leben der Schüler prägen könnte! Ich würde mich freuen, wenn viele Lehrer im nächsten Jahr diese Idee von Frau Gludovatz als Anregung nehmen. Erzählen Sie mir davon …

Eltern

Gernot und Christa Diethart sind heute fast so berühmt wie ihr 21-jähriger Sohn Thomas, der neue Skisprungstar. Sie waren es schließlich, die dem Buben aus Niederösterreich diese Karriere ermöglicht haben, mit allen Widrigkeiten und Entbehrungen. Bei den TV-Übertragungen konnten wir nun mit ihnen zittern und uns mit ihnen freuen. Auch im alpinen Skizirkus gilt die ungeteilte Aufmerksamkeit der Kameras nicht mehr den Skistars allein, sondern neuerdings auch den Eltern. »Marlies Schild's Father« wird eingeblendet, als hätte der Mann keinen eigenen Namen, Josef, aber er ist ja »in Funktion« da, als »Vater«. Das Bild zeigt uns einen netten Mann, der sichtlich aufgeregt, aber gefasst, beide Daumen fest gedrückt im dicken Anorak vergräbt.

Uns Zuschauer interessieren nicht nur die Spitzenleistungen unserer Sportler, ihr Können, ihre Bestzeiten. Wir wollen auch dahinterschauen. Wer freut sich mit ihnen? Wer tröstet sie? »Michaela Kirchgasser's Father« wurde uns vorgestellt, »Maria Höfl-Riesch's Father«, sehr viele Eltern begleiten ihre »Kinder« zu den Rennen. Diese neue Perspektive, wie auch der Werbespot mit Skispringer Gregor Schlierenzauer und seiner sympathischen Mama, tut gut und lässt uns dankbar erkennen: Ja, ohne dass da jemand gewesen wäre, der sie gehalten, getragen, gewickelt, gefüttert, getröstet, gefördert und gefordert hat, wäre wohl aus ihnen nicht geworden, was sie heute sind. Das zu erkennen gilt für Skistars genauso wie für jeden von uns!

Trotzdem

Es ist über ein Jahr her, da sind wir mit schrecklichen Nach-richten aus Paris aufgewacht. Keiner kann sich wirklich vor-stellen, was die Betroffenen in diesen Stunden durchgemacht haben. Die 22-jährige Südafrikanerin Isobel Bowdery hat es beschrieben, sie ist beim Attentat im Pariser Club Bataclan nur knapp dem Tod entkommen. Mit ihren Worten wurde sie »zum Gesicht« dieser Terrornacht. »Du denkst, das wird dir nie passieren«, beginnt sie ihr Facebook-Posting und schildert in verstörender Eindringlichkeit, was sich am Frei-tagabend um kurz vor 22 Uhr ereignete: die Ungläubigkeit des Publikums nach den ersten Schüssen, das Ausmaß des Massakers, das Chaos nach ihrer Rettung. »Als ich im Blut von Fremden lag und darauf wartete, dass eine Kugel meine gerade 22 Jahre beendete, stellte ich mir jedes Gesicht vor, das ich jemals geliebt habe, und flüsterte: Ich liebe dich. Wie-der und wieder. Reflektieren über die Höhepunkte meines Lebens. Hoffend, dass die, die ich liebe, wissen, wie sehr, hof-fend, dass, egal, was mit mir passierte, sie nicht den Glauben an das Gute im Menschen verlieren …«

Und dann erzählt sie von der Rettung, hört nicht auf, sich zu bedanken, bei einem jungen Mann, der neben ihr liegend versucht, sie zu beruhigen. Bei den Helfern, die sich nach dem Schrecken um die schwer verletzten, schockierten Opfer kümmern. Bei Menschen, die sie in den Arm nehmen, sie halten, trösten, da sind. Bei einer Frau, die sofort ihre Woh-nung öffnet und Helfer und Opfer aufnimmt. »Ihr alle lasst mich glauben, dass diese Welt anders ist!«

Balance

Nicht nur die Bilder von verzweifelten, randalierenden, aggressiven Jugendlichen ohne Perspektive und Job, mit Ängsten vor dem Leben, bestimmen die Nachrichten. Es gibt auch andere Junge, die für Schlagzeilen sorgen und auf ihre Art Richtung Zukunft weisen. Die Weltmeisterin im Klettern zum Beispiel, die junge Tirolerin Anna Stöhr, die über ihre sportliche Leidenschaft sagt: »Beim Klettern lerne ich die Verantwortung für meine Handlungen zu übernehmen!« Ein so schöner Satz! Damit kann man es hoch hinaus schaffen!

Oder der 23-jährige Slackliner aus der Steiermark, Michael Kemeter. »Slackline«, so bezeichnet man das, was früher »Seiltanz« hieß. Überall sieht man sie, die Slackliner, in Parks, im Wald, ein gespanntes Seil und schon üben sie! Selten so bravourös und mutig wie Michael Kemeter, der auf seinem Seil tänzelnd in über 3000 Meter Höhe über die Pallavicinirinne am Großglockner spazierte, die Fotos gingen um die Welt.

Ihre Botschaft: Balance als Lebensgrundlage. Ohne Balance kein Lebensglück, kein Erfolg, keine Gesundheit: Balance zwischen links und rechts, oben und unten, Anspannung und Gelassenheit, äußerer Kraft und innerer Ruhe. Die Beweggründe für sein Wagnis beschreibt Michael Kemeter so: »Das ist schwer in Worte zu packen. Man hat das geschafft, woran man vorher geglaubt hat!« Wie sehr ich diese Haltung allen Jungen wünsche!

»Wir haben kein Wort für das Gegenteil von Einsamkeit,
aber wenn wir eines hätten, dann wäre es das, was ich mir für
mein Leben wünschen würde.« Mit diesen eindringlichen
Worten hat Marina Keegan ihre Mitstudierenden an der
amerikanischen Elite-Uni Yale verabschiedet. Ihre Rede für
den Jahrgang 2012 ist ein flammendes Plädoyer dafür, mit
Leidenschaft und Überzeugung etwas zur Gesellschaft bei-
zutragen. Die engagierte Absolventin rief alle jungen Menschen dazu auf, etwas aus ihrem Leben zu machen. Diese
Hommage an das Ende der Jugend sollte unerwartet zum
Vermächtnis werden.

Die talentierte Schreiberin, die ihr Examen mit der
Höchstnote summa cum laude absolvierte und im Juni als
Redakteurin zu arbeiten anfangen sollte, starb zwei Tage später bei einem Autounfall. Sie war mit ihrem neuen Freund
auf dem Weg vom ersten Treffen mit dessen Großmutter
zum Geburtstag ihres Vaters, der Wagen überschlug sich.

Sie hatte das, was alle Eltern sich wünschen und wovon
Studenten träumen: Intelligenz, Lebenslust, Idealismus, erste
Anerkennung in der Berufswelt. »Lass uns etwas in der Welt
verändern.« Marina Keegan schrieb bereits Artikel, leitete
die Studentenvertretung der Demokraten, sie organisierte
»Occupy«-Proteste vor einem Hotel.

Ihr Tod bewegte Tausende Menschen, mehr als eine Million Mal wurde ihre Liebeserklärung an das Leben im Internet bereits aufgerufen. »Wir können nicht, dürfen nicht dieses Gefühl für unsere Möglichkeiten verlieren. Denn am
Ende ist es alles, was wir haben. Wir sind so jung, wir haben
so viel Zeit.«

Weltberühmt

Die 13-jährige Anna van Keulen aus Tilburg in den Nieder-
landen ist im Internet ein Star. Das war ihr großes Ziel: Sie
wollte berühmt werden, als Schauspielerin oder Musikerin,
die mit ihrem Klavierspiel Menschen auf der ganzen Welt
berührt, begeistert, beeindruckt. Kein ungewöhnlicher
Wunsch für ein Mädchen. Das Video, das mehr als 4 Millionen Mal angeklickt wurde, wurde wenige Tage vor ihrem
13. Geburtstag von ihrem Vater aufgenommen. Man sieht das
Mädchen am Klavier sitzen, fast verschmolzen mit ihrer
Aufgabe, sie lässt ihre Finger über die Tasten gleiten und
spielt »Did I Make the Most of Loving You«, den Titelsong
der TV-Serie *Downtown Abbey*. Ein melancholisches, trauri-
ges Stück.

Niemand konnte ahnen, welche Bedeutung diese Aufnahmen wenige Wochen später bekommen würden. Die 13-Jäh-
rige war gerade auf dem Weg zur Schule, als sie beim Über-
queren einer Straße von einem Auto erwischt wurde. Der
Fahrer war weder betrunken noch zu schnell unterwegs.
Und doch ist dieser Unfall passiert. Einen Tag danach erlag
das Mädchen seinen schweren Gehirnverletzungen. Ihr
Vater Niek stellte die Aufnahmen seiner klavierspielenden
Tochter ins Internet. Um ihr ihren großen Wunsch zu erfüllen, berühmt zu werden, von der Welt gesehen. Und wohl,
um seine unendliche Trauer zu bewältigen. »Meine Tochter
Anna wollte berühmt werden. Jetzt ist sie plötzlich verstor-
ben ... Helft ihr, berühmt zu werden, und schaut das an!«,
twitterte Niek van Keulen, und später »... Danke allen.
Annas Ziel ist erreicht: Sie ist berühmt!«

Wirtschaftskammerpräsident Christoph Leitl ließ in der
ORF-Pressestunde mit dem Vorschlag aufhorchen, Asylwer-
ber für ein Sozialjahr heranzuziehen. Auf diesem Weg würden sie etwas zum Zusammenhalt der Gesellschaft beitragen,
die deutsche Sprache erlernen, die Werte unseres Landes
kennenlernen und einer sinnvollen Tätigkeit nachgehen. Ein
guter Vorschlag.

Noch mehr würde ich mir wünschen, wenn diese Idee die
Diskussion über ein soziales Jahr für alle jungen Menschen
wieder in Gang bringen würde. Am Rande der Wehrdienst-
diskussion wurde dieser Aspekt leider kaum beachtet. Nun
kenne ich auch die Argumente, die dagegen sprechen, ein
»verlorenes Jahr« meinen karrierebewusste Youngsters und
manche Eltern. Doch trotz volkswirtschaftlicher Betrachtun-
gen, ökonomischer Berechnungen, psychologischer Experti-
sen, ich bleibe dabei: Die Erfahrung von Notsituationen und
Leid, von Menschen, die am Rande leben, ist unverzichtbar,
will man sich als Teil dieser Gesellschaft fühlen und sie
gestalten. Nähe zu den Menschen weckt Menschlichkeit.
Vieles, das ich heute weiß, habe ich aus meinen Begegnungen mit Pflegern und Krankenschwestern gelernt, mit
Obdachlosen und Drogensüchtigen, mit behinderten Kindern und kranken Alten. Das Leben kann ganz anders sein.

Der weltberühmte Physiker Stephen Hawking, selbst an
der unheilbaren Krankheit ALS erkrankt und schwer behindert, kommt zum Schluss, dass das Überleben der Menschheit ganz wesentlich von der Weiterentwicklung der Empathie abhängt. Mitgefühl zeigen ist »überlebensnotwendig«.
Es ist ein gewonnenes Jahr!

Respekt

In einem Wettbewerb, initiiert von Uniqa und dem Verein Respekt.net, wurden kürzlich »Orte des Respekts« gesucht und prämiert. Respekt! Ein großes Wort, das wir oft allzu gelassen aussprechen, ohne genau zu wissen, was wir damit meinen. Respekt (lateinisch *respectus*: »Zurückschauen, Rücksicht, Berücksichtigung«) bezeichnet eine Form der Wertschätzung, Aufmerksamkeit und Ehrerbietung gegenüber einem anderen Lebewesen oder einer Institution.

Die ausgezeichneten Projekte machen das deutlich, zum Beispiel die Volksschule Graz Geidorf, in der es der ambitionierten Direktorin Heidi Scheucher gelungen ist, dass Schulkinder aus 21 Nationen – anders als viele Erwachsene – das Gemeinsame vor das Trennende stellen. Der Migrantenanteil in der Schule beträgt 40%, das wird schon im Eingangsbereich der Schule durch ein Plakat, auf dem das Wort »Danke« in allen möglichen Sprachen der Schüler steht, gewürdigt: Danke tesekkur eskerrik asko milesker dziakuju hvala blagodaria xièxie gracias. Das Thema Menschenrechte wird in den zweisprachigen Klassen in den Alltagsunterricht eingebaut. Wie sich das alles auswirkt? »Es ist nicht die heile Welt entstanden«, berichtet die Direktorin und räumt mit Illusionen auf. »Aber Sätze wie ›Du bist ein Ausländerkind, ich bin von da‹ hört man bei uns nicht mehr!«

Die Schule als Ort des Respekts, ein Hoffnungsprojekt für den kommenden Schulbeginn. Thank you dankon merci efharisto köszönöm arigatô … Danke!

Mein Leben

Fußballer Marko Arnautović sorgte für Schlagzeilen, weil er im Nahkampf mit einem Polizisten diesen beschimpfte. Die Formulierung, die der junge Mann wählte, hat mich nicht nur amüsiert, sondern auch nachdenklich gemacht: »Ich hab so viel Geld, ich kauf mir dein Leben!«, meinte er zu dem Mann in Uniform. Dieser Satz muss einem nicht nur erst einmal einfallen, er lässt auch tief blicken. Denn der talentierte Fußballer ist in seinem Leben vermutlich sehr vielen Menschen begegnet, die ihn ihre Überlegenheit spüren ließen. Die so getan haben, als wäre ihr Reichtum der Eintritt in eine eigene Liga. Wir sehen und lesen täglich von ihnen: Menschen, die glauben, sie können sich ein Land kaufen oder gleich die ganze Welt. Weil sie Geld haben und Macht, das ermöglicht tatsächlich viel. Die gute Nachricht: Unser Leben können sie sich niemals kaufen!

Amerikanische Psychologen fragten für eine Studie: Mit wem wollen Sie Ihr Leben tauschen? Auf den ersten Blick ein attraktives Angebot. Das musikalische Talent von Lang Lang, die Courage der burmesischen Lady Aung San Suu Kyi, das Aussehen von Cindy Crawford, das Geld von Roman Abramowitsch, aber nein, das ist nicht der Deal. Sie können nur ein Leben tauschen, aber das ganz. Mit allen Vorzügen und Nachteilen, mit viel Geld, tollem Aussehen, aber dafür keiner Privatsphäre und Einsamkeit. Wer über dieses Angebot nachdenkt, wird zum Schluss kommen: kein Tausch, kein anderes Leben. Nicht einmal geschenkt!

Alles besser?

Schon Achtelfinale bei der Fußball-EM und die Euphorie ist groß, auch wenn es »nimma wieder Österreich« heißt. Und doch verfolge ich die Fußball-Matches mit dem wehmütigen Gefühl, dass es früher einmal ganz anders war. Ich werde den Eindruck nicht los, dass Fußballer heute vom Scheitel bis zur Sohle gestylt, wie aus dem Modekatalog entsprungen, vorher Maniküre, Pediküre, Detox-Drink auf den Platz laufen. Die Frisur sitzt, das Tattoo strahlt, zumindest am Arm. Narziss Ronaldo hat's vorgemacht, da gibt es kein Härchen am makellosen, muskulösen Körper. Und Spucken scheint heute angesagt, was ist denn das? Ein Zeichen von Coolness, Überlegenheit, Verachtung? Jede Zeit hat ihre Moden, das ist so.

Wie gerne erinnere ich mich an die Helden meiner Jugend: Hans Krankl, Herbert Prohaska, Friedl Koncilia, Bruno Pezzey. Das waren noch Männer mit Haaren auf der Brust, das waren Kerle. Mit ihnen habe ich mitgefiebert, gezittert und selbstklebende Bilder fürs Fanalbum getauscht, mir fehlen bis heute die Nummern 11, 94, 291 und 325. Da war Fußball noch Fußball, nicht diese neuartigen Jünglinge, die nach jedem Foul verletzt am Boden liegen und auf den Masseur warten. Die noch ein richtiges, ordentliches Fußballdress anhatten und nicht die hautengen körperbetonten Trikots. Die haben richtig Fußball gespielt, ohne elektronische Analyse und Videobeweis! Damals war alles besser! War es das wirklich? Oder ist es die Erinnerung, die verklärt? Oder, noch schlimmer, bin ich einfach nur älter geworden?

Winterschluss

Als Kinder mussten wir im Winter Strumpfhosen tragen. Die Modelle von damals gibt es heute nicht mehr. Die hatten so gar nichts mit der Rosa-lila-Glitzer-Nylon-Lillifee-Welt gemein. Einfache Baumwollstrumpfhosen, rot, blau, mit einer Spur Wolle drinnen, sodass sie einen ein bisschen auf der Haut gekratzt haben. Manchmal mit dem Gummibund weit über der Taille, dann wieder mit dem Schritt in Kniehöhe. Dick, warm, für die kalte Zeit. Dann kam das Frühlingserwachen. Und der besondere Ehrgeiz war es, zu den Ersten zu gehören, die Kniestrümpfe trugen. Das war freilich zu Hause Verhandlungssache. Und es war nicht leicht, die besseren Argumente zu haben. Die vom Thermometer angezeigten Außentemperaturen von 12 Grad waren eindeutig nicht auf meiner Seite. Blaue Lippen? Husten? Schnupfen? Egal, es ist Frühling! Das musste doch als Grund reichen, um dieses unglaubliche Gefühl auch mit Taten zu unterstreichen! Die ersten Kniestrümpfe waren der modische Ausdruck für all die Wunder, für das verlockende, unglaubliche Naturschauspiel! Wenn jeder Sonnenstrahl ein Genuss, jedes Vogelgezwitscher ein Konzert, jede Blüte eine Sensation ist.

Diese Woche war es so weit. Ich habe nur ganz kurz überlegt, ob das jetzt vernünftig ist. Oder zu früh. Mit all meinen Kindheitserinnerungen im Gepäck habe ich es einfach gewagt: der erste Tag ohne Socken in den Schuhen! Das unvergleichliche Gefühl von Leder auf der Haut. Kein Garn, kein Nylon, kein Zwirn belästigen mehr die Zehen. Es ist wieder so weit.

Dialekt

Mit Freude und Respekt beobachte auch ich die Tätigkeit verschiedenster Dialektretter und Wortbewahrer. Es ist tatsächlich eine wichtige und dringende Aufgabe, unsere Sprache zu pflegen, damit sie nicht zu banalen elektronischen Kürzeln verkommt, die zwar praktisch sind und dem Tempo unseres heutigen Lebens entsprechen, dafür aber oft entseelt und leer sind. »Schön sprechen!« – gerade am Land wuchsen ganze Generationen mit diesem zweifelhaften Kommando auf, ihr Dialekt wurde ihnen regelrecht »aberzogen«. Dazu kommen Trends aus Werbung, Medien, TV- und Filmindustrie, denen unsere Sprechweise zum Opfer gefallen ist. Es ist also höchste Zeit, alte Wörter nicht nur zu bewahren, sondern sie wieder zu beleben!

»Kombinege« oder »Bluzer«, ein »Kleinod« oder mein »Augenstern«, selbst der »Amtsschimmel« wiehert heute selten. Sich »gewahr werden« sagt viel mehr aus, als bloß etwas herauszufinden. Wer »dahinsiecht« ist nicht nur krank. »Geschmeide« drückt mehr aus als Schmuck, »Gestade« ist mehr als die Küste, »Aberwitz« ist schelmischer als jeder Unsinn, ein echter »Gefährte« ist nicht nur ein Partner, ein »Bankert« eben nicht nur ein uneheliches Kind. Obacht geben, feilbieten, töricht, feist, geschniegelt, Maulaffen feilhalten, fawoadagelt. Ja, selbst das Fräulein gibt es heute selten! Nach dem Urlaub machte mir eine nette Dame ein schönes Kompliment: »Haben Sie schöne Guggaschecken«, meinte sie. Ein wunderbares »Wiederhören« nach Jahrzehnten mit einem so schönen Wort!

Erste Worte

2012 wurde ein besonderes Jubiläum gefeiert: Vor 20 Jahren wurde das erste SMS geschickt! Dem britischen Ingenieur Neil Papworth gelang dieses Kunststück der Telekommunikation, eher zufällig, wie er erzählte. Die kurze Nachricht (die sein Direktor bekam, der gerade bei einer Weihnachtsfeier am anderen Ende der Stadt war) lautete: »Frohe Weihnachten!«

Solche »ersten Worte« sind auch von allen anderen bahnbrechenden Entwicklungen der Kommunikation überliefert. Der erste Satz, der in den »Ferntonapparat« (den Vorgänger des Telefons) gesprochen worden sein soll, lautete: »Das Pferd frisst keinen Gurkensalat.« Die Botschaft des ersten E-Mails im deutschsprachigen Raum war ganz sachlich: »This is your official welcome to Csnet. We are glad to have you on board!«

Ja, die elektronische Kommunikation hat uns seither fest im Griff. Wie schrecklich schön. Es ist Weihnachten, lassen Sie uns kurz innehalten und des guten alten gesprochenen Wortes gedenken, von Mensch zu Mensch: Und wenn du sonst nichts hättest, so hast du doch so viel, was du anderen schenken könntest: ein liebes, anerkennendes Wort. Es bereichert den, der es empfängt, ohne den ärmer zu machen, der es schenkt. Es kostet ein wenig Mühe, nur einen Augenblick – aber die Erinnerung daran dauert ewig. Keiner von uns ist so reich und mächtig, als dass er ohne dieses liebe Wort des anderen auskäme.

Dein Licht

Für die Taferlklassler beginnt in Ostösterreich ein neuer Lebensabschnitt. Schulbeginn. Voll gespannter Erwartung gehen die Sprösslinge an diesem ersten Schultag durch das Tor ihrer neuen Schule, die meisten sind neugierig, lernbereit und stolz darauf, endlich in die Schule gehen zu dürfen, die Schultüte soll diesen neuen Abschnitt versüßen, die Schultasche wird wohl erst später zur Last. Der Unsinn vom »Ernst des Lebens«, der mit der Schule beginnen soll, wird leider immer noch von vielen Erwachsenen bemüht.

Viel besser gefällt mir ein Motto, das wir bei den Olympischen Spielen in Rio gehört haben: Elaine Thompson wurde zur »Sprinterkönigin« der Spiele, Gold über 100 Meter und über 200 Meter, so schnell wie die Jamaikanerin war in diesen Tagen keine andere! Selbst Superstar Usain Bolt wurde zum Fan der sympathischen Teamkollegin! Doch Elaine ist ganz anders als er, keine »Showwoman« mit langen Fingernägeln, wilder Mähne oder markigen Sprüchen. »Ich werde auch nach diesem Erfolg dieselbe Elaine bleiben. Nichts wird sich dadurch ändern, sagte sie. Und weiter: »Mein Schulmotto war, lass dein Licht scheinen! Und das habe ich heute gemacht.« Was für ein schöner, kluger Satz, allen Erstklässlern sei er ins Stammbuch geschrieben! Lass dein Licht scheinen! Dann kannst du Friseurin oder Politikerin, Wissenschaftlerin oder Ärztin, Verkäuferin oder eben Olympiasiegerin werden!

Kleine Nachrichten mit großer Bedeutung: Diese Woche lief der Inder Fauja Singh als erster 100-Jähriger einen Marathon! Nach dem Tod seiner Frau vor 20 Jahren hat das Laufen ihm geholfen, einen neuen Sinn im Leben zu finden, sagt er. Die Brasilianerin Isolina Campos entschied an ihrem 100. Geburtstag, dass sie doch noch lesen und schreiben lernen wolle. Deshalb besucht sie jetzt einen Alphabetisierungskurs an der Abendschule. Es ist nie zu spät!

Ich bin zu alt? Wofür? In drei Jahren werden Sie drei Jahre älter sein, ob Sie nun etwas Neues gelernt haben oder nicht, ein Musikinstrument, eine neue Sprache, eine Sportart. Es ist nicht zu spät, dem eigenen Leben eine Wende zu geben, auch nicht mit 60, 70 oder 80 Jahren. Solange Sie denken können, können Sie auch etwas Neues machen. Neu beginnen, Neues lernen, neu lieben. Das Einzige, das Sie davon abhalten könnte, ist der Gedanke »Dafür bist du zu alt«, Angst oder Bequemlichkeit. Goethe schrieb seinen *Faust* mit 80 Jahren. Michelangelo vollendete die Sixtinische Kapelle mit 71. Der Inder Bholaram Das will jetzt mit 100 Jahren seinen Doktortitel machen! Er hat schlechte Augen und einen wackeligen Gang, aber er meint, er sei noch fit – vor allem im Kopf. »Nur die Schwachen machen die Eltern, ihre Herkunft, die Zeit, mangelndes Glück oder das Schicksal für ihr Leben verantwortlich. Jeder von uns hat in sich die Macht, zu sagen: So bin ich heute, so werde ich morgen sein!« (Louis L'Amour)

Erfolgsgeheimnis

Von unseren erfolgreichen Ski- und Skisprungstars wollen wir oft wissen: Was ist ihr Erfolgsgeheimnis? Die bekannte Antwort: Es gibt kein Rezept, es steckt viel harte Arbeit dahinter, ein gutes Team, professionelle Betreuung durch Trainer, Familie, Therapeuten, Glück. Und doch, es gibt ein Kriterium für Erfolg: Erfolg macht Erfolg! Das Gesetz der Anziehung, wie ein Magnet. Anders ist es nicht zu erklären, dass erfolgreiche Sportler allen Bedingungen trotzen. Starker Rückenwind? Egal. Die Spur zu stumpf, zu glatt, zu schnell? Macht nichts. Diejenigen, die gerade erfolgreich sind, haben ihre eigenen Bedingungen. Sie haben Erfolg und das macht sie so ungemein stark. »Bright Eyes« hat das der Trainer Mika Kojonkoski einmal genannt, das Strahlen in den Augen, das nur Sieger haben.

Ich erinnere mich an die deutsche Schwimmerin Britta Steffen, die bei Olympischen Spielen so schlecht geschwommen ist, dass sie sogar ihre Karriere beenden wollte. Zwei Jahre später wurde sie bei der WM als Schwimmwunder gefeiert, errang eine Goldmedaille nach der anderen. Was jetzt plötzlich anders sei, wurde sie gefragt. »Ich habe damals nicht gewusst, warum ich so schlecht war, und ich weiß heute nicht, warum es so gut läuft«, antwortete sie. »Ich hab nichts anders gemacht!« Erfolg verleiht Flügel, heißt es in der Werbepoesie. Das ist im Spitzensport genau wie im richtigen Leben. Ein einziges Erfolgserlebnis kann Ihre Welt verändern. Copyright Rudi Nierlich, ehemaliger Skirennläufer und Philosoph: »Wenn's laft, dann laft's!«

Befreiung

Bald drei Jahre ist der fulminante Song-Contest-Sieg von Conchita Wurst her. Wie war eigentlich das Leben davor? Als wir noch nicht das Weltzentrum von Toleranz und Offenheit waren? Als Conchita Wurst noch smarter Society-Liebling aus Casting-Shows und Tom Neuwirth ein liebenswerter junger Mann waren? »In Kopenhagen war Tom im Hotelzimmer eingesperrt«, erzählte Conchita in den Siegerinterviews. Nicht einmal ein stärkender Frühstückskaffee in der Hotellobby. Tom blieb im Zimmer. Auch zurück in Wien hat sich Tom nicht mehr zum Einkaufen auf die Straße gewagt, obwohl der Kühlschrank leer war. »Ich weiß ja nicht, ob das jetzt noch möglich ist!« Conchita hat uns so viele besondere Momente beschert, »Magic Moments«, wie wir sie alle nur selten erleben. Bilder, die uns noch lange berühren. Botschaften, die um die Welt gehen. Auch die unausgesprochenen, die zwischen den Zeilen: Tom Neuwirth hat mit großer Freude und viel Kraft eine andere Seite, die in ihm steckt, zum Leben erweckt.

Ein Vorschlag an uns alle zur persönlichen Entwicklung! Da steckt noch etwas anderes in uns. Allzu gerne lassen wir unsere ungelebten Seiten in der Lebensschatzkiste schlummern, eingepackt in Sicherheit, Bequemlichkeit, ja, auch Feigheit. Tom war tapfer. Er hat alles gewagt, hat mit seinen Freunden und Beratern Conchita Wurst erschaffen – und die ist nicht mehr zu halten! Erfolg und ihre leuchtende Freude mögen sie weiterhin begleiten, Grammy inklusive, Conchitas Ziel. Tom hingegen wünsche ich, dass er nicht irgendwann aufwacht und sich im Hotelzimmer wie im goldenen Käfig vorkommt. Und alles dafür gäbe, dass die verschlossene Tür aufgesperrt wird, um aufzusteigen wie ein Phoenix!

Schulbeginn

Ich wurde zu einem Klassentreffen der besonderen Art eingeladen: »Volksschultreffen«, beherzte Mitschülerinnen von vor Jahrzehnten machten sich die Mühe, die Schüler von damals ausfindig zu machen. Im Alter von zehn Jahren sind wir auseinandergegangen – da saßen wir jetzt, »Kinder« von einst, einander fremde Menschen, die vor Jahrzehnten das Klassenzimmer miteinander teilten. Groß und klein, dick und dünn, geschieden und wiederverheiratet, Mütter und kinderlos, manche mit Karriere, andere mit Leben. Mit jedem Gespräch kamen die Erinnerungen zurück: an Namen, Gesichter und Geschichten. Das Klassenfoto zur Spurensuche, Menschen, die mich im zarten Alter von sechs bis zehn Jahren begleitet haben, Weggefährten. Wer war mein Sitznachbar? Wer war der Beste beim Völkerball? Wer stand vorne beim Jugendsingen? Mit wem bin ich den täglichen Schulweg gegangen? Welches Symbol zierte mein Kärtchen auf der Schulbank? War es der Ball, die Lokomotive, die Kirsche oder der Clown? Wer hatte welches Talent? Was haben wir damals gelernt fürs Leben? Schreiben, Lesen, Rechnen – es war wohl mehr als das.

Wenn im Herbst etwa 85 000 Kinder ihre Schulkarriere beginnen, dann machen auch sie sich auf diese Zeitreise, auf die Suche nach diesem Gefühl des ersten Schultages, wenn man ein neues Heft aufschlägt und die erste blütenweiße Seite betrachtet. Mit allen Hoffnungen, Erwartungen und Träumen. Mit der Schultasche am Rücken und der Schultüte in der Hand. Süßes für das Kind, das Sie einmal waren.

Schon wieder Weihnachten

»Schon wieder«, sagt die Tochter zu ihrem Freund, »in einem Monat ist Weihnachten. Jetzt geht es los mit dem unnötigen Weihnachtsrummel, beleuchteten Straßen, Kunstschneeflocken und Plastikengeln. Mit *Stille Nacht* und Karpfen, Christbaum und Geschenken. Keiner weiß, was er schenken soll, weil doch jeder schon alles hat, aber für die Bescherung müssen eben irgendwelche Pakete und Geschenke her. Da werden Vanillekipferln und Zimtsterne gebacken, was das Zeug hält. Bis zum 24. die besinnliche Scheinheiligkeit, und am 24. liegen sich dann alle zu Tränen gerührt in den Armen. Da gibt es kein Entkommen, der Weihnachtsabend, der ist meinen Eltern heilig, die Oma kommt, und wenn ich nicht da wäre, wären sie total sauer!«

»Schon wieder«, sagt die Mutter am selben Tag zu ihrem Mann, »in einem Monat ist Weihnachten! Eigentlich müssten wir ja kein großes Theater mehr machen, einfach einmal ein gemütlicher Abend zu zweit, kein *Stille Nacht*, bei der keiner den richtigen Ton trifft, und spätestens bei der zweiten Strophe alle wegen Textschwierigkeiten zu einem melodischen ›lalala‹ übergehen. Was wär' ich froh, wenn ich einmal nichts backen und kochen müsste! Aber wir müssen da einfach mitmachen, schon wegen der Kinder. Die sind zwar längst erwachsen und tun immer so, als ob ihnen nichts daran läge – aber irgendwo sind sie halt doch noch Kinder und warten alle Jahre wieder auf's Klingen des Glöckchens, wenn das Christkind da war. Na die wären schön enttäuscht, wenn der ganze Weihnachtszauber nicht wäre!«

»Schon wieder«, sagt die Oma an diesem Abend zur Enkelin, »in einem Monat ist ja Weihnachten. Mir als alter Frau liegt ja nicht gar so viel dran. Ich wäre froh, wenn das ganze Jahr über öfter einer von euch zu Besuch käme. Aber es ist halt ein Familienfest, und deine Mutter macht sich ja so viel Mühe mit dem Karpfen, dem Kartoffel- und dem Bohnensalat, die wäre ja sonst sehr enttäuscht!« Tatsächlich: Alle Jahre wieder ist irgendwann, ganz plötzlich und unerwartet in einem Monat Weihnachten. Schon wieder!

Drei Könige

Waren die Heiligen Drei Könige schon bei Ihnen? Ohne sie würde zu Beginn des neuen Jahres einfach etwas Wichtiges fehlen. Caspar (»Schatzmeister«), Melchior (»Mein König ist Licht«) und Balthasar (»Schütze sein Leben«) – jeder von ihnen steht für einen der zu ihrer Zeit bekannten Erdteile (Afrika, Asien und Europa) beziehungsweise für das Jünglings-, Mannes- und Greisenalter. Wahrscheinlich waren sie Sterndeuter am Hof in Mesopotamien, ihren astronomischen Berechnungen nach erwarteten sie ein Heilsereignis mit weltweiter Bedeutung. Daher folgten sie dem Stern bis zu dem Stall, in dem Jesus geboren wurde. Später hieß es, dieser Leuchtstrahl könnte eine spezielle Konstellation von Jupiter und Saturn gewesen sein.

Die Idee ist heute so gut wie damals: dem Stern folgen und wertvolle Gaben bringen, hunderttausend Kinder ziehen dieser Tage durch ganz Österreich, um für notleidende Menschen zu sammeln. Sie haben ihre Lieder und Texte geprobt, Leintücher, Stoffreste wurden zu Königsgewändern geschneidert, die Kronen aus Karton und Filz gebastelt. Da stehen sie dann, durchgefroren, mit roten Wangen und feurigem Eifer, bei jedem Wetter. Bevor sie gehen, schreiben sie den berühmten Segen an den Türstock: 20 C+M+B 17, »Christus mansionem benedicat«, übersetzt »Christus segne dieses Haus«. Seit vielen Jahrzehnten ist die Dreikönigsaktion eine der erfolgreichsten Aktionen des Landes. Ohne Promi-Gala-Punsch-Versteigerungs-Benefiz-Glamour-Show-Getöse. Einfach von Tür zu Türe gehen und anklopfen. Wie schön. Wie beruhigend.

»Jeder Tag, jeder Atemzug ist ein Geschenk. Das Unbarmherzigste, das es gibt, ist die Uhr: Alles, was links vom Zeiger ist, kommt nie, nie wieder.«

EIN BEWOHNER DER »GRUFT«,
DER CARITAS-EINRICHTUNG FÜR
OBDACHLOSE MENSCHEN

Kapitel 8 | Solange der Tod nicht ist, ist Leben.

Life is what's happening to you while you are making other plans.«

Leben, sagte der große John Lennon, ist das, was passiert, während du damit beschäftigt bist, andere Pläne zu schmieden. Es gibt Menschen, die ihr Leben ganz genau planen: Schule, Studium, danach heiraten, Kinder kriegen, daneben Karriere machen, eine Lebensversicherung abschließen, eine Reise nach Amerika. Oder Australien. Daneben bleiben Wünsche und Sehnsüchte, Träume, die wir vor uns herschieben. Und jeder hat einen Alltag, der ihm das Funktionieren abverlangt, tägliche Pflichten auferlegt, die Träume erst einmal unter »ferner liefen« abhakt. Wenn ich erst groß bin …! Wenn ich erst verheiratet bin …! Wenn ich erst Kinder habe …! Wenn ich pensioniert bin, dann aber …!

Ja, was dann? Wenn wir endlich groß sind und nicht mehr um acht ins Bett müssen, gäben wir etwas darum, noch einmal schon um acht ins Bett gehen zu dürfen. Das Verheiratetsein haben wir uns schöner vorgestellt und bei den Kindern wiederholen wir die Fehler, die unsere Eltern mit uns gemacht haben. Und Geld? Wann ist es genug? Weiß das jemand? Was die Pension betrifft: wer es in seinem ganzen Leben nicht gelernt hat, seine eigenen Wünsche und Bedürfnisse zu befriedigen, der lernt es auch dann nicht mehr, wenn alle Aufgaben wegfallen und der Tag mit 24 Stunden vor einem liegt und fragt: So, was jetzt? Du wolltest doch so viel Neues und Schönes tun, was ist jetzt damit? Die Kraft ist weg, aufgezehrt, weggebröselt. Zu lange aufgeschobene Wünsche brennen nicht mehr, zu tief weggeräumte Träume sind von den Motten zerfressen.

Wir schieben nicht nur Träume und Wünsche auf. Wir drücken uns auch vor fälligen Entschuldigungen, Anrufen oder Küssen, bis es zu spät ist. Es ist einfacher, irgendwie dahinzuwurschteln, als jetzt zu leben. Es ist leichter, zu träumen, als zu handeln. Für sein Glück muss man etwas riskieren und darf nicht alles auf die lange Bank schieben. Faust, der an kein Glück und keine Wunscherfüllung mehr glaubt, fordert Mephisto immer neue Tricks und Zauberkunststücke ab, und nichts davon stellt ihn zufrieden. Erst als er Philemon und Baucis, die beiden zufriedenen Alten, vor ihrer Hütte sieht, ruft er aus: »Werd' ich zum Augenblicke sagen, verweile doch, du bist so schön, dann magst du mich in Fesseln schlagen, dann will ich gern zugrunde geh'n!«[32]

Heißt das nun, wenn unsere Wünsche erfüllt werden, sind wir auch schon verloren? Ich weiß nur, dass es Wünsche gibt, die zu erfüllen man wenigstens versuchen muss. Auch wenn die Reisen, von denen man träumt, oft schöner sind als die, die man tatsächlich macht. Auch um das zu wissen, muss man sie schließlich gemacht haben. Schon alleine für den Ausdruck im Gesicht, den nur Menschen haben, die sich einen Traum erfüllt haben. Den Ausdruck, den man nur hat, wenn man etwas nicht nur vor sich herschiebt, sondern auch wirklich tut. Deshalb: Lebe jetzt!

Ständig blicken wir zurück oder nach vorne und vergessen dabei, dass unser Leben genau dazwischen liegt. Jetzt. Heute. In diesem Augenblick. Genau diese Augenblicke, ich will sie erleben und spüren. Oder, wie es in einem wunderschönen Text von Jorge Luis Borges heißt: »Wenn ich noch einmal anfangen könnte«, schreibt er da, »würde ich versuchen, nur mehr gute Augenblicke zu haben. Falls du es noch nicht weißt – aus diesen besteht nämlich das Leben. Nur aus Augenblicken. Ich würde nicht so perfekt sein wollen. Ich würde mich mehr entspannen. Ich wäre ein bisschen verrückter und würde weniger Dinge so ernst nehmen. Ich würde nicht so gesund leben und ich würde mehr riskieren. Ich würde versuchen, mehr Fehler zu machen!«

Was bereuen wir, wenn unser Leben zu Ende geht? Die Palliativpflegerin Bronnie Ware, die viele Menschen am Sterbebett bis zum Tod begleitete, hat diese Wünsche in ihrem Bestseller *Die fünf Dinge, die Sterbende am meisten bereuen* festgehalten. Falsche Entscheidungen und Versäumnisse bewegen die Menschen in ihren letzten Stunden. Das, was all die anderen wollten – einen sicheren Job zum Beispiel, ein geregeltes Einkommen – das wollte Bronnie Ware nie. Nach Jahren in einer Bank kündigt die damals Ende Zwanzigjährige ihre Stelle und zieht durch die Welt, macht erst Station auf einer Südseeinsel, wo sie in einer Bar arbeitet, dann in Surrey im Südosten Englands. Dort arbeitet die Australierin zum ersten Mal in dem Job, den sie für mehr als acht Jahre ausüben wird: Bronnie Ware wird Palliativpflegerin – für Todkranke, für Sterbende, für die, die ihren Tod kommen sehen, und die, die nichts davon wissen wollen.

»Wenn sie sterben, kommt eine Menge Furcht und Ärger aus den Menschen heraus«, sagt Bronnie Ware, »und dieses ›Ich wünschte, ich hätte …‹, das kommt auch immer wieder.«

Hier frei übersetzt die »fünf Dinge, die Sterbende bereuen«[33]:

1. Ich wünschte, ich hätte den Mut gehabt, mein eigenes Leben zu leben und nicht das, das andere von mir erwarteten.

   Diese Aussage steht ganz oben, denn sie war den meisten Sterbenden gemein. So viele Träume blieben unerfüllt. Erst kurz vor dem Tod erkannten die Menschen, dass sie selbst es in der Hand gehabt hatten, welchen Weg sie einschlugen.

2. Ich wollte, ich hätte nicht so hart gearbeitet.

   Diese Aussage, so Ware, kam von jedem männlichen Patienten, den sie gepflegt hat. Vor allem die Zeit mit den Kindern und der Partnerin hatten sie am Ende vermisst. Stattdessen fanden sie sich die meiste Zeit in den Tretmühlen ihrer beruflichen Existenz wieder. Und: Wenn wir unseren Lebensstil vereinfachen und bewusste Entscheidungen treffen, brauchen wir nicht das Einkommen, von dem wir glauben, dass wir es brauchen.

3. Ich wünschte, ich hätte den Mut gehabt, meine Gefühle auszudrücken.

Viele Menschen unterdrückten ihre Gefühle, um mit anderen in Frieden leben zu können, schreibt Ware. Unterdrückter Hass oder Bitterkeit hemmten nicht nur die Entwicklung, sondern führten auch zu Krankheiten. Reaktionen unserer Mitmenschen könnten wir nicht kontrollieren. Wenn wir aber anders miteinander redeten, könnten wir nur gewinnen. Unsere Beziehungen würden auf einer ganz neuen und gesünderen Ebene stattfinden.

4. Ich wünschte, ich wäre in Kontakt mit meinen Freunden geblieben.

Jeder, so Bronnie Ware, vermisst seine Freunde, wenn er stirbt. Die Menschen bereuten es tief, dass sie nicht die angemessene Zeit und Mühe für ihre Freundschaften aufgebracht hatten. Oft hätten die Sterbenden erst in den letzten Wochen realisiert, wie viel ihnen alte Freunde bedeuteten.

5. Ich wünschte, ich hätte mir selbst mehr Freude zugestanden.

Die meisten von uns stecken in einem Gestrüpp aus Alltag, Familienpflichten, Geldverdienen und anderen »äußeren Umständen« fest, das den Weg zu den wichtigen Dingen versperrt. Wie etwa simple Freude. »Viele Menschen merken erst am Ende ihres Lebens, dass man sich bewusst für Glück und Freude entscheiden kann.«

Wir verdrängen munter das Sterben und vergessen, dass es durch dieses »Memento mori« (Denke daran, dass du stirbst) viel zu lernen gäbe. Demut ebenso wie den Mut, Wichtiges und Großes von Unwichtigem und Kleinem zu trennen. Und zwar jetzt, nicht erst dann. Menschen wie Bronnie Ware, die sich intensiv mit dem Thema Tod auseinandersetzen, werden nicht müde zu betonen, wie wichtig es ist, das Leben vom Ende her zu begreifen. Mehr noch: Der Tod gehört ins Leben geholt, um richtig leben zu können. Ja, die Präsenz der Endlichkeit kann lebendiger machen – das ist der spezielle Zauber des Todes. Erst durch ihn wird das Leben zum Fest.[34] Wie lange noch? *Mors certa, hora incerta* – der Tod ist sicher, die Stunde unsicher.

Vor einigen Jahren durfte ich Teil des bemerkenswerten Caritas-Hospiz-Projekts »Lebensmasken« sein, in Abwandlung der bekannten »Sterbemasken«, bei denen durch Gipsabdrücke die Gesichtszüge von Menschen für die Nachwelt festgehalten werden.

Was bleibt von mir? Die Idee, mit Lebensmasken das Sterben ins Leben zu holen, hat mir gefallen. Ein Abdruck meines Gesichtes, geformt aus Gips, ruhig halten, ruhig liegen, ruhig atmen, es dauert nicht lange … dann hab' ich diese Maske das erste Mal fertig gesehen und mich gefragt: Das soll also jetzt ich sein? Vielleicht trägt diese Maske meine Gesichtszüge, die Form der Augen, der Nase, der Lippen, es sind wohl m e i n e Augen, m e i n e Nase, m e i n e Lippen. Doch das bin nicht ich! Das ist nur die Idee von mir, der Anblick, die Materie, das, was vergeht. Was bleibt, ist all das, was diese Maske nicht zeigt: meine Gedanken, meine Gefühle, die Abdrücke, die ich in den Herzen mir naher Menschen zurücklassen werde. Gemeinsame Geschichten, Erlebnisse.

Wie gestalte ich also mein Leben so, dass vielleicht ein paar Lebensspuren für die Nachwelt erhalten bleiben? Als

Vorbild. Als Gewinn. Als Glücksmoment. Als Erinnerung. Vielleicht bleibt die Liebe, die man zu Lebzeiten schenken konnte. Oder auch Hass und die Zwietracht, mit denen man sich selbst und anderen das Leben schwer gemacht hat. Was bleibt im Guten wie im Bösen? Was bleibt von mir nach meinem Tod? Irgendwie gefällt mir der Gedanke, dass jeder meiner Schritte zu Lebzeiten irgendwo, irgendwie ein anderes Leben berührt hat, nur ganz kurz, ganz zart, ganz leise. Dadurch nimmt das andere Leben eine andere Richtung. Das kann nur eine ganz kleine Richtungsänderung sein, ein kleiner Drall, und danach ist dieses andere Leben – plötzlich anders. Anders, als es ohne meine Berührung gewesen wäre. Und es wird wiederum andere Leben berühren und anstoßen. Immer weiter. Mit dem Schwung, den ich mit meinem Leben gegeben habe. Einfach nur, weil ich da war. Und weil jedes, wirklich jedes Leben so einen Unterschied macht.

Wenn ich Ort und Zeit meiner Sterbestunde kennen würde, was würde ich in meinem Leben anders machen?

Wenn ich auf mein Leben zurückblicke, welche Momente würde ich gerne nochmals erleben?

Was soll auf meinem Grabstein stehen? Ist es mir wichtig, woran sich Menschen erinnern, wenn sie nach meinem Tod an mich denken werden?

Letzte Worte

Ich gehe gerne auf Friedhöfen spazieren. Wenn die Hitze über der Stadt liegt, ist es hier schattig und ruhig. Solche Spaziergänge sind Ermahnungen an mich selbst, wie schön und wie kurz das Leben ist. Ich lese auch gerne Traueranzeigen. Auf ein paar Quadratzentimetern erfährt man etwas über das Leben von Menschen. Meist beginnen diese Anzeigen mit Sätzen wie »In tiefer Trauer ...« oder »Mit großem Schmerz ...«.

Doch diese Anzeige ist mir gleich ins Auge gesprungen. Denn sie ist anders. Ein Farbfoto zeigt eine strahlende Frau mit bunter Bluse. Eine modische Brille, pinkfarbene Ohrringe, die Haut ist sonnengebräunt. Vielleicht wurde es ja im Urlaub aufgenommen? In der Hand ein Glas Wein, mit dem sie dem Betrachter zuprostet. Und sie lacht. Wie alt sie sein mag? Ich kann es schwer schätzen, vielleicht 60, vielleicht auch 80 Jahre. Über dem Foto dann diese Zeile: »Es ist gut! Mein Leben war schön!« Sonst nichts. Ob sie wohl selbst diese Traueranzeige ausgesucht hat? Am unteren Rand wird der Pulmologie des LKH West der Barmherzigen Brüder gedankt, daraus kann man schließen, dass es kein Ende ohne Leiden war. »Erinnerung ist eine Form der Begegnung, Vergessen eine Form der Freiheit!«, schreiben schließlich Xandi und Micki im Namen aller Verwandten. Das Bild berührt mich, erzählt mir so viel von einer mir gänzlich unbekannten Frau. Es ist gut! Mein Leben war schön! Wie schön, wenn dieser Satz am Ende des Lebens steht!

Große Freiheit

Seine Geschichte hat für Schlagzeilen gesorgt: Egon Haubner, der 82-jährige Bewohner eines Seniorenheims, der nach
seinem Lottogewinn verschwunden war. Zuletzt war er Verkäufer der Linzer Obdachlosenzeitung *Kupfermuckn*, erfährt
man. Was dazu geführt hat, bleibt im Dunkeln. Es wird, wie
so oft in solchen Fällen, eine »lange Geschichte« gewesen
sein, eine Geschichte aus Bemühungen, Enttäuschungen,
Schicksalsschlägen und tapferem Aufstehen nach jedem
Hinfallen.

Fünf Richtige mit Zusatzzahl! Was mag er in den Stunden,
in denen die Gewinnhöhe noch nicht feststand, wohl alles
geplant haben!? »Ich kauf mir eine Villa auf dem Pöstling-
berg mit Köchin, Dienstmädchen, Chauffeur, einem Merce-
des 600 und am Dach einen Hubschrauber. Das wär mein
absoluter Traum.« Daraus wurde nichts, denn bei 25 000
Euro – zweifellos sehr viel Geld – ist das nicht drinnen. Aber
abhauen aus dem Heim, neue Kleidung, schicke Frisur, ein
paar Nächte in einem Vier-Sterne-Hotel in Bad Mitterndorf,
ohne irgendjemandem davon zu erzählen, geht sich allemal
aus! Die Leute im Pflegeheim haben sich wohl gesorgt um
ihn, während Herr Haubner seine neue große Freiheit genossen hat. »Schöne Mäderln in Tracht« habe er sich angesehen,
erzählt er von der fantastischen Reise, »eine schöner als die
andere!« Noch einmal über die Stränge schlagen, sich einmal
was gönnen, einmal mitten hinein ins Leben statt am Rande
im Heim – wie sehr gönnt man es ihm!

Sommermorgen

Wenn ich in Wien in den ersten Bezirk, die Innere Stadt komme, mit all ihren Prachtbauten und ihrem Charme, fühle ich mich immer ein bisschen wie eine Touristin.

An diesem Samstag musste ich in die Stadt für eine schnelle Besorgung, ein bestelltes Paket abholen. Pünktlich um 9 Uhr wollte ich das Auto in zweiter Spur parken, ins Geschäft springen, das Paket holen, bezahlen, fertig, und schon weiterhetzen. Doch dann das: Das Geschäft öffnet erst um 10 Uhr! Was jetzt? Zunächst genervt – der ganze Tagesplan gerät ins Wanken – dann sehe ich, wie der Kellner im Café nebenan die ersten Tische und Sessel ins Freie räumt. Das Auto in die Garage, ich nehme Platz, bestelle einen Kaffee und beobachte staunend die erwachende Stadt. Am Markt am Hof beginnen die ersten Standler ihre Ware zu sortieren. Ein Fiaker fährt an mir vorbei. Italienische Touristen fragen mich nach dem Weg, *a destra, buona giornata*! Einige Lieferwagen fahren durch die Fußgängerzone, um ihre Ware auszuladen, überall werden die Rollläden geöffnet. Straßenkehrer beseitigen die Spuren vom Vortag. Ich sitze da, spüre die ersten Sonnenstrahlen und genieße. »Ein Kipferl zum Kaffee, gnädige Frau?« Gerade erst hatte ich es noch gnädig, und jetzt bin ich eine »gnädige Frau«! Na klar, ein Kipferl, und der Tag kann warten. Wie schön: Eine geschenkte Stunde an einem Sommermorgen in einer erwachenden Stadt!

Lebenskreis

Im 13. Wiener Gemeindebezirk gibt es ein besonderes Haus. Viele Jahre hatte in der Hietzinger Hauptstraße das Bestattungsunternehmen Perikles seine Geschäfts- und Büroräume. Benannt nach Perikles (500–429 v.Chr.), Athener Staatsmann und Feldherr, Friedensstifter und Demokrat, ein großer Redner, dem der Ausspruch »Ein Volk wird daran gemessen, wie es seine Toten bestattet« zugeschrieben wird. Dieses Unternehmen gibt es heute nicht mehr, nur das Firmenschild »Bestattung Perikles« ziert noch die Fassade und mahnt jeden Passanten, kurz der eigenen Endlichkeit zu gedenken.

Nun wird das Haus wieder genutzt, und kein Drehbuchautor der Welt hätte diese Geschichte besser schreiben können: Das Geburtshaus »Von Anfang an« ist hier eingezogen, residiert in den Räumlichkeiten der ehemaligen Bestattung! Als Alternative zwischen Klinikgeburt und Hausgeburt werden hier, von Hebammen begleitet, Babys zur Welt gebracht. Der erste Schrei, dort, wo es noch bis vor Kurzem um den letzten Atemzug ging. Auf den ersten Blick scheint das fast makaber, mittlerweile muss ich jedes Mal, wenn ich hier vorbeifahre, lächeln über die beiden verschiedenen Aufschriften am Haus. Als wär's ein Fingerzeig von oben, dass der Anfang und das Ende unseres Lebens zusammengehören, wie ein ewiger Kreis. Ganz nach Goethe: »Der ist der glücklichste Mensch, der das Ende seines Lebens mit dem Anfang in Verbindung setzen kann.«

Schönen Urlaub!

Der erste Ferientag im Osten Österreichs. Ab in den Urlaub heißt es für Tausende Menschen. Ab in den Stau, Autokolonnen wälzen sich von Norden nach Süden. Überfüllte Züge, Menschenmassen schieben sich durch Flughäfen, die schnellste Art zu reisen beschert uns ironischerweise die längsten Wartezeiten. Genervt, gestresst zum Umfallen, bevor der Urlaub überhaupt noch begonnen hat. Schneller weg und früher dort, heißt die Devise, nur keine Zeit verlieren!

Ich gebe Ihnen für Ihren bevorstehenden Urlaub einen besonderen Wunsch mit ins Gepäck, eine Tugend, die wir schon vergessen haben, manche erinnern sich noch ganz dunkel an ihre Kindheitstage – ja, früher gab's das! Ich wünsche Ihnen – Langeweile! Das ist die Zeit, in der nichts passiert. Oder vielleicht alles. Nichts planen oder organisieren. Tage, an denen man einfach nichts tut, nur dasitzen und Löcher in den Himmel schauen. Zeit haben zum Zeitverschwenden. Ohne Uhr, kein Termin. Und irgendwann, wenn das gelingt – das ist nämlich gar nicht so einfach! – wird aus Langeweile vielleicht ein Abenteuer. Weil man beginnt, die Seele zu spüren, sich selbst ertragen muss. Wer Langeweile hat, kommt auf tolle Ideen. Den schönsten Augenblicken des Lebens geht Langeweile voraus. Da ist nichts zu bezahlen, keine Ticketgebühren, keine Stornoverträge, keine Versicherung. Es ist die Zeit, die nicht vergeht. Schönen Urlaub!

Folge dem Herzen

Was bleibt vom 2011 verstorbenen Apple-Gründer Steve Jobs? In einer Rede, die er einst vor Studenten gehalten hat, hat er darüber gesprochen, was wirklich wichtig ist. Man kann seine Aussagen nicht oft genug lesen: »Ich frage mich jeden Morgen: ›Wenn heute der letzte Tag meines Lebens ist, würde ich dann gern das tun, was ich heute tun werde?‹ Und wenn die Antwort an zu vielen Tagen hintereinander Nein lautet, weiß ich, dass ich etwas ändern muss … Niemand will sterben. Sogar die Menschen, die in den Himmel kommen wollen, wollen dafür nicht sterben. Doch der Tod ist das Schicksal, das wir alle teilen. So soll es auch sein: Denn der Tod ist wohl die mit Abstand beste Erfindung des Lebens. Er ist der Katalysator des Wandels. Er räumt das Alte weg, damit Platz für Neues geschaffen wird.

Mir ins Gedächtnis zu rufen, dass ich bald sterbe, ist mein wichtigstes Hilfsmittel, um weitreichende Entscheidungen zu treffen. Fast alles – alle Erwartungen von außen, aller Stolz, alle Angst vor Peinlichkeit oder Versagen – fällt im Angesicht des Todes einfach ab. Nur das, was wirklich zählt, bleibt. Sich daran zu erinnern, dass man eines Tages sterben wird, ist in meinen Augen der beste Weg, um nicht zu denken, man hätte etwas zu verlieren. Man ist bereits nackt. Es gibt keinen Grund, nicht dem Ruf des Herzens zu folgen!«[35]

Heute leben!

Es ist nicht einfach, ein Kind allein großzuziehen. Aber wie schwer muss es für eine alleinerziehende Mutter wohl sein, wenn sie selbst unheilbar krank ist? Brigitte Bayer, die tapfere Mutter dieser Krebspatientin, hat mir geschrieben, Mutter und Großmutter, die in tiefer Sorge um ihre eigene Tochter und ihr Enkelkind ist! »Jedes Mal, wenn Gabriele ins Spital muss, habe ich Angst, dass sie diesmal nicht mehr zurückkommt! Aber meine Tochter kämpft, sie hat 110 Chemotherapien hinter sich, sie versucht, uns ihre Schmerzen nicht zu zeigen. Vor allem möchte sie für ihr Kind da sein, ihr 12-jähriger Sohn soll später einmal sagen können: Ich hatte eine glückliche Kindheit!«

Wie wichtig es ist, die Zeit, die einem mit seinen engsten und liebsten Menschen gegeben ist, intensiv zu leben, wird uns oft erst bewusst, wenn eine schwere Krankheit uns daran erinnert, dass unser Leben begrenzt ist. So sammelt Gabriele mutig schöne Lebenserinnerungen, auch im Leid, fotografiert, erzählt, macht selbst im Spital anderen Patienten Mut, vor allem Krebspatienten, die so wie sie Kinder haben. Und jeden Tag in der Früh ruft sie ihre Mutter an, ein kurzes Telefonat, um nachzufragen, ob alles in Ordnung sei. Wie schlimm muss es sein, die eigene Tochter so leiden zu sehen. Wie schön ist es, jeden neuen Tag zu sehen, dass es sie gibt. Jeder Tag ein ganzes Leben.

Kleiner Schmetterling

»Vielleicht können wir dann wieder lachen, wenn der Schmerz nur mehr eine schöne Erinnerung ist!« Diesen Satz hat Otto Schenk nach dem Tod von Heinz Holecek gesagt. Ein so wunderbarer Gedanke, in dem eine große Wahrheit steckt, wie wir mit Leid und Schmerz leben können.

Genau an diesen Satz erinnerte ich mich, als ich eine Buchpräsentation besuchte. *Der kleine Schmetterling* hieß ein Buch für Kinder, es ist aber vielmehr das Vermächtnis einer starken Frau. Claudia Fahrnik ist 2010 ihrem Krebsleiden erlegen. Sie war Architektin und Feng-Shui-Beraterin, als die Diagnose sie mitten im Leben traf. Mit großer Willenskraft und Disziplin kämpfte sie, trotz der schweren Krankheit strahlte sie eine bewundernswerte Lebensfreude aus, die sie weitergab und die andere stärkte. Sie vergaß nie den Humor und das Lachen, und sie begann zu schreiben, eine Geschichte von einer Raupe, die Angst davor hat, ein Schmetterling zu werden. Ihr Herzenswunsch war die Veröffentlichung dieser Geschichte als Buch, um anderen Menschen Mut zu machen, ihr Leben zu meistern. Nach ihrem Tod setzten ihre Mutter, Tante, Schwester, Bruder und Freunde mit viel Engagement und Liebe alles daran, ihr diesen Wunsch zu erfüllen. Genau so, wie sie es wollte, denn sie hatte ganz klare Vorstellungen von ihrem Buch. Zur Präsentation kamen sie alle, Prof. Ludwig, ihr Arzt und Krebsspezialist, die Familie, Freunde, Wegbegleiter – sie alle konnten lachen, weil der Schmerz bereits eine schöne Erinnerung war.

Der kleine Prinz

»Man sieht nur mit dem Herzen gut, das Wesentliche ist für die Augen unsichtbar!« Diesen Satz kennt jeder von uns. Bei besonderen Anlässen wird gerne aus *Der kleine Prinz* zitiert, für viele Menschen ist es ihr Lieblingsbuch. 2012 ist der Mann gestorben, der den Autor Antoine de Saint-Exupéry zu dieser bezaubernden Geschichte großer Menschlichkeit inspiriert hat: der französische Widerstandskämpfer Pierre Sudreau. Eine kleine Traueranzeige, dahinter eine große Geschichte:

Nach dem Tod des Vaters musste Sudreau ins Internat. Um der Verzweiflung seiner Kindheit zu entfliehen, begann er Bücher zu lesen, darunter *Der Nachtflug* von Saint-Exupéry. Der 12-jährige Pierre schrieb dem Autor einen Brief, die Sicht eines Kindes auf die Welt der Erwachsenen – so wie später im *Kleinen Prinz* – die Männer wurden Freunde. Während der Pilot Saint-Exupéry 1944 von einem Flug nicht mehr zurückkam, übernahm Pierre Sudreau während des Krieges die Führung des Widerstandsnetzwerkes »Brutus«, kam ins KZ Buchenwald, wurde zum Tode verurteilt. Vor der Vollstreckung des Urteils wurde Sudreau bewahrt, weil ihm im Lager die Identität eines verstorbenen Häftlings verschafft werden konnte. Später wurde er Minister und zeit seines Lebens ein Politiker mit Haltung.

Pierre Sudreau ist im Alter von 93 Jahren in Paris gestorben. »Wenn du bei Nacht den Himmel anschaust, wird es Dir sein, als lachten alle Sterne, weil ich auf einem von ihnen wohne, weil ich auf einem von ihnen lache. Du allein wirst Sterne haben, die lachen können.« (*Der kleine Prinz*, Kapitel XXVI)

Letzter Weg

Burgl Baustädter hat Krebs. Sie weiß, dass sie bald sterben wird, und dennoch hat sie einen großen Plan: Sie möchte Wien einmal in ihrem Leben zu Fuß umrunden. In 24 Etappen legt sie 120 Kilometer zurück. Sie durchquert den Wienerwald, wandert durch die Lobau, erkundet den Kahlenberg und marschiert weiter Richtung Sofienalpe. Die schwer kranke Frau, selbst Patientin im Tageshospiz, legt diese letzte Wanderung nicht alleine zurück. Sie wird von einer freiwilligen Mitarbeiterin des Caritas-Tageshospizes begleitet – und von Menschen, die mit ihr ein Stück des Weges gemeinsam gehen wollen.

So habe auch ich sie begleitet. Und habe eine beeindruckende 71-jährige Frau kennengelernt, die glücklich und dankbar auf ihr Leben zurückblickt, mit sich und anderen im Reinen. Mutig und gefasst hat sie sich gegen eine Chemotherapie entschieden. »Es ist gut so, ich hatte ein schönes Leben!« Jetzt bewältigt sie den letzten irdischen Weg, bevor sie die unbekannte Reise antritt. Die gemeinsame Wanderung soll helfen, Weggefährten und Unterstützer für die wertvolle Arbeit des Mobilen Hospiz der Caritas zu finden. Meist ehrenamtlich unterstützen Mitarbeiter die Menschen dort, wo diese ihren letzten Lebensweg am liebsten zurücklegen: zu Hause, im Kreis der Familie. Oft brechen sie spätnachts auf, um Schmerzpumpen nachzufüllen oder um Angehörigen beizustehen. Sie wechseln Verbände oder halten Sitzwache, um Menschen nicht alleine gehen zu lassen. Bei der Geburt eines Menschen sind wir alle da, feiern den Neuankömmling. Warum nicht am Ende? Jeder Sterbende ist ein Lebender, bis zuletzt. Alles Gute, Burgl, für deinen Weg!

Liebe das Leben

Blühende Magnolien zählen zum Schönsten, was die Welt zu bieten hat! Kaum eine andere Pflanze zieht die Blicke auf sich wie dieser Traum in weiß-rosa-lila Farbtönen, benannt nach dem französischen Botaniker Pierre Magnol. Die Blütenpracht ist ein Labsal für die Seele! Wie wohltuend und heilsam die Natur ist, spürt man nicht nur, es ist längst wissenschaftlich belegt.

In seinem Buch *Der Biophilia-Effekt – Heilung aus dem Wald* (den Begriff »Biophilia« hat einst Erich Fromm geprägt, er bedeutet »Liebe zum Leben«) beschreibt der Biologe Clemens Arvay die gesundheitlichen Effekte der Natur auf Körper und Psyche. Dabei geht es nicht etwa um Heilkräuter, sondern um die Erfahrung der Natur, also um die gesundheitsfördernden Wirkungen von Pflanzen und Landschaften, ohne dass man daraus Arzneien herstellt. Ein Beispiel: Bäume, vor allem Nadelbäume, geben zu Zwecken der biologischen Kommunikation mit anderen Pflanzen Substanzen ab, die beim Menschen nachweislich die Anzahl und Aktivität der natürlichen Killerzellen nach einem Tag im Wald um 50% erhöhen! Dieser Effekt bleibt viele Tage erhalten, je nachdem, wie lang man im Wald war. In Japan hat sich ein eigener Zweig, die »Waldmedizin«, entwickelt, die an den Universitäten gelehrt und angewendet wird. Wie schön, dass nun auch die Wissenschaft bestätigt, was wir alle wissen, wenn wir in den Garten gehen, durch Parks flanieren, beim Waldspaziergang das Frühlingserwachen erleben und die Magnolien bestaunen!

Momo

Momo ist der Titel eines 1973 erschienenen Romans von Michael Ende. Momo ist ein kleines Mädchen, das den Menschen die von den Zeitdieben gestohlene Zeit zurückgibt. Eine zauberhafte Geschichte über unser Durch-die-Welt-hetzen. Wie schön, dass die Kinderärztin Martina Kronberger-Vollnhofer diesen Namen für ihr besonderes Projekt gewählt hat: MOMO ist ein mobiles Hospiz für sterbenskranke Kinder, für »Sternenkinder«. »Wir versuchen, das Leid der Kinder so gut es geht zu lindern«, beschreibt die erfahrene Ärztin, die seit mehr als 20 Jahren auf der Onkologie-Station des St. Anna Kinderspitals Erfahrung gesammelt hat, ihr ambitioniertes Vorhaben, »wir möchten einfach für sie da sein.« Dafür ist es notwendig, gezielt auf die besonderen Bedürfnisse der Kinder einzugehen und andererseits ihre Eltern und Geschwister bestmöglich in dieser schwierigen Zeit zu begleiten, das erfordert große Professionalität und tiefe Mitmenschlichkeit. Um ein gutes Team für diese schwierige Aufgabe aufzubauen, braucht MOMO nun viele Freunde und Unterstützer.

Das Sterben eines Kindes ist für Eltern, Freunde, Angehörige immer unfassbar. »Das kleine Mädchen Momo hat viele Eigenschaften, die auch in der Hospizbetreuung wesentlich sind. Sie ist eine gute Zuhörerin und Freundin, die Zeit schenkt und anderen den Raum eröffnet, ihre Zeit so gut wie möglich zu gestalten. Das Kinderhospiz kann mithelfen, die bleibende Zeit zu einer möglichst guten zu machen.«

www.kinderhospizmomo.at

Letzte Ehre

Talin Gulesserian ist Ärztin. Sie weiß, was es heißt, Menschen zu behandeln, zu betreuen, menschlich und kompetent. Vor Kurzem starb ihr Vater nach einer schweren Lungenentzündung. »So oft habe ich Menschen sterben gesehen, begleitet und mitgeweint, und wenn es dann einen unmittelbaren Angehörigen trifft, ist es doch so unreal und nicht fassbar ...!« Was hat er noch gesagt? Wollte er es so? Ist er einfach eingeschlafen?

Der würdevolle Umgang von Schwestern und Ärzten auf der Station 12B der Rudolfstiftung hat die Angehörigen tief beeindruckt. »Die Arbeit der Pathologie wird meist nicht beachtet, dabei leisten die Menschen dort Unglaubliches und Tröstliches! Es war wichtig für mich zu sehen, wie würdevoll die Obduktionsassistenten mit unseren Toten umgehen. Mehrmals habe ich noch gebeten, dies oder jenes in den Sarg zu geben, Erinnerungsstücke seiner Enkelkinder, und kein einziges Mal hatte ich das Gefühl, nicht erwünscht zu sein, im Gegenteil. Die Antwort des Leiters der Obduktionsassistenten, Herrn Doms: ›Das ist selbstverständlich für uns, denn Ihr Vater ist unser Patient und wir erweisen ihm die letzte irdische Ehre‹, hat mich zu Tränen gerührt und ich möchte allen, die dort arbeiten, Danke sagen! Oft wird auf diese Menschen vergessen, obwohl sie doch so viel machen für unsere Lieben, ob es die letzte Ehre ist, die medizinische Leistung oder das Begleiten des Patienten in der letzten Minute! Ich habe selten mehr Menschlichkeit, Respekt, Hilfsbereitschaft und Zeit ›geschenkt‹ bekommen als von diesem bemerkenswerten Team!«

Hospeace

Es zählt ganz sicher zu den wertvollsten Aufgaben, Menschen an ihrem Lebensende zu begleiten. Kerstin Kovacsits hat diese Erfahrung mit einem Team des Mobilen Hospiz gemacht. Ihre Oma lag im Sterben, jahrelang litt sie an Alzheimer, schließlich wurde auch noch Brustkrebs diagnostiziert. Ihr Zustand verschlechterte sich dramatisch, die Familie wusste nicht weiter. »Schon beim ersten Telefongespräch mit Frau Agnes Glaser hatten wir das Gefühl, ernst genommen zu werden, liebevoll, tröstend, kompetent wurde sofort gehandelt. Eine fachkundige Krankenschwester, Frau Gmeiner, wurde hinzugezogen, dann kam der Arzt Dr. Alker, der uns zu jeder Zeit die Angst nahm, dass Oma leiden muss!« Als es dem Ende zuging, kam dann Frau Neumayer, die mit jedem einzelnen Familienmitglied Kontakt aufnahm, um die Situation zu besprechen. »Nur ein paar Stunden später war ich bei meiner innigstgeliebten Oma als sie starb, es war ruhig und eigentlich sehr schön.« Frau Dr. Kerres-Tury kam, um den Tod festzustellen, und sprach der Familie Trost zu. »Ich bin eine eifrige Leserin Ihrer Kolumne und freue mich jedes Mal irrsinnig, wenn man von Menschen liest, die etwas ganz toll machen, so wollte ich unbedingt jeden erwähnen, der uns in dieser schweren Zeit geholfen hat!«

Mein allergrößter Respekt gilt allen genannten Mitarbeitern des Mobilen Hospizteams, aber auch allen Hospizmitarbeitern in ganz Österreich! Sie machen das möglich, was eine Zeit lang als besonders gelungene Wortschöpfung auf Plakaten zu lesen war: Hospeace.

Leben spüren

Es sind die Tage, an denen es sich lohnt, das Leben nüchtern und bewusst zu betrachten. Hinzuschauen und zu begreifen: Es geht zu Ende. Das zeigt uns die Natur, wenn die Tage kürzer, die Blätter bunter werden, bevor sie ganz fallen. Es ist das Gefühl, das man nur dann hat, wenn man durch raschelndes Laub flaniert. Friedhöfe laden uns ein, über die eigene Vergänglichkeit zu sinnieren, der Toten zu gedenken. Beruhigende Beschaulichkeit, Totenstille, ja, eines ist gewiss: Keiner kommt hier lebend raus! Blumenschmuck und Kerzen, Namen und Daten gemeißelt in Stein erzählen uns Lebensgeschichten: gefallen im Krieg, noch so jung war er, wie lange hat seine Ehefrau noch gelebt, nachdem er gestorben ist? Mein Ururgroßvater war Volkssänger. So steht es am Grabstein, sein Sohn Hauptkassadirektor. Ob sein Beruf ihn wohl glücklich gemacht hat? Oder hat man sich das damals noch nicht gefragt? Familiengeschichten, die in Vergessenheit geraten. Unbewusste, starke Bande. Frische Kränze und geweinte Tränen, die noch nicht getrocknet sind.

Ein Spaziergang am Friedhof hilft, innere Ruhe und Klarheit zu finden. Der Lieben zu gedenken, die nicht mehr da und doch so nah sind, sich auch dem eigenen Tod zu stellen. Das kann man tun, und man kann es auch aushalten. Und es heißt, das Leben wieder neu zu entdecken, noch viel mehr zu schätzen. Jede Woche, jeden Tag, jede Stunde das Leben spüren.

Tagträume

Ich weiß nicht, wie es Ihnen geht, aber für mich zählt es zu den schönsten Dingen im Leben: Tagträumen. Wie oft sitze ich im Auto, höre angenehme Musik, und dann – ganz in Gedanken – gebe ich mich meiner Fantasie hin, beginne zu träumen. Oder gönne mir vor dem Aufstehen eine halbe Stunde, die ich träumend im Bett liegen bleibe. Graue Wintertage sind besonders guter Nährboden, um für Momente abzuheben.

In Tagträumen ist mir kein Abenteuer zu verwegen, keine Leidenschaft zu schnulzig, keine Situation zu romantisch. Und das Schöne dabei: Mein Kopf führt Regie! In meinen Tagträumen bin ich es, Kleiner, die dir in die Augen schaut. Und morgen ist schließlich auch noch ein Tag, morgen wird mir schon einfallen, wie ich ihn zurückerobere! *Vom Winde verweht*, *Casablanca*, selbst die *Lovestory* und all die anderen Filme geraten zu müden Werken gegen das, was sich vor meinem geistigen Auge abspielt. Dieser Besuch im Gefühlskino tut aber nicht nur der Seele gut: Tagträume können unterhalten, regen Geist und Laune an, bringen verlorenes Selbstbewusstsein wieder auf Vordermann und verschaffen so ein angenehmes Gefühl der Befriedigung. In meinen Tagträumen bin ich die Heldin – wenn ich es will –, oder auch das Opfer, wenn mir danach ist. Manchmal sind es bevorstehende Probleme und Herausforderungen, die ich im Traum bewältige, ein anderes Mal werden zurückliegende Erinnerungen neu verarbeitet und umgestaltet. Oft ist es wie ein innerer Großputz, was aus mir herauswill, träumt sich frei.

In der Realität müssen wir lernen, manche Grenzen zu akzeptieren, in der Fantasie müssen wir nicht. In ihr können wir sein, wie wir nicht sind. Können erleben, was wir im Alltag nicht erleben. Wir fühlen, was wir erträumen. Wenn ich von solchen Ausflügen zurückkehre, klingt das Empfundene immer noch ein bisschen nach in mir. Diese Momente, in denen ich meine Gedanken auf weite Reisen schicke, erschließen mir eine Welt, die jenseits meiner Grenzen liegt. Unerschöpflich, unverbindlich und ganz für mich allein.

Abschied

In den Tagen nach Weihnachten kommen wir jedes Jahr zusammen. Seit Jahrzehnten. Es ist eine Familientradition. Auch heuer wieder, aber alles ist anders. Denn Onkel Gerhard ist nicht mehr, gegangen nach kurzer, schwerer Krankheit. Das Familientreffen in Stammersdorf gehörte untrennbar zu Weihnachten. Onkel Gerhard und seine Frau haben uns umsorgt, verwöhnt, bekocht. Die wunderbarsten Köstlichkeiten gab es, zubereitet mit Können, Erfahrung und Liebe. Nirgends hat es so geduftet, nirgends wird es je so schmecken. Es war ihm so wichtig, dass alle zusammenkommen, auch als die Familie immer größer wurde, Kinder und Kindeskinder, wer soll denn das jetzt schaffen, uns alle zu umsorgen? Er hat das gemacht, liebevoll, herzlich, sogar wenn die Kochtöpfe zu ebener Erd' und im ersten Stock mit dem Funkgerät gesteuert wurden. Herzensklug und humorvoll.

Ausgerechnet in diesen Tagen kommen wir alle zusammen, um ihm die letzte Ehre zu erweisen. Viele Erinnerungen werden wach. Onkel, du fehlst. Und doch spüre ich so sehr diesen starken Kern, den du uns mit jeder Begegnung gegeben hast: zusammenstehen, zusammen sein, zusammenrücken. Es ist Platz für alle, auch auf engem Raum. Für einander sorgen, in der Familie war das ebenso wichtig wie in seinem Beruf als Feuerwehrmann. Wir müssen gut aufeinander aufpassen, heute und im nächsten Jahr!

So oder so

In den Tagen zwischen Weihnachten und Neujahr ist mir wieder einmal Viktor Frankls Buch *... trotzdem Ja zum Leben sagen* in die Hände gefallen. Immer wieder lese ich gerne darin, manchmal ein paar Zeilen, einige Seiten. Der berühmte Psychiater hat einige Konzentrationslager überlebt, alle seine Familienmitglieder dort verloren und sich danach intensiv mit der Frage beschäftigt, welche Häftlinge besondere psychische und physische Überlebenskräfte mobilisieren konnten, und welchen das nicht gelang. Er kam zum Schluss, dass diese Kraft nicht so sehr mit den äußeren Bedingungen und Ereignissen zu tun hatte, sondern, so Frankl, »die letzte menschliche Freiheit, sich zu den gegebenen Verhältnissen so oder so einzustellen«, entscheidend sei. Und es gibt immer ein »so oder so«. Man dürfe sich »von sich selbst nicht alles gefallen lassen«. Unsere Gefühle und Gedanken bestimmen unser Leben, aber es gibt eben noch etwas, das den Kern bildet: Persönlichkeit, Charakter, das »Ich«.

Frankls Aussagen sind nicht unumstritten, manche Menschen, denen Schreckliches widerfährt, Kummer, Schmerzen, Krankheit, Verlust, werden sie sogar als zynisch empfinden. Man kann darin aber ein Angebot sehen, den Versuch, diese »letzte menschliche Freiheit« zu bewahren, die umso wichtiger wird, wenn der Wind rauer bläst. Was immer das neue Jahr also bringen mag – es bleibt die Möglichkeit, es »so oder so zu sehen«.

Anmerkungen und Literaturhinweise

1 Marga Swoboda: Glück ist Ansichtssache, in: Mitten ins Herz, Wien 2014

2 Michael Köhlmeier, Pressekonferenz der Caritas zum Weltflüchtlingstag, 17.6.2016

3 Dalai Lama: Ratschläge des Herzens, Zürich 2003

4 Radio Vatikan, Treffen des Papstes mit italienischen Journalisten, 22.9.2016

5 Martin Buber: Werke I. Schriften zur Philosophie, München 1962

6 Georg Schärmer: Herzschrittmacher, Wien 2016

7 Anatole François Thibault: Die Schuld des Professors Bonnard, Leipzig 1911

8 Fritz Riffer: »Alles Leben ist Beziehung«, Festvortrag anlässlich 10 Jahre Psychosomatisches Zentrum Waldviertel, Eggenburg 2016

9 Vgl. Sigi Menz: Zwei Wege und ein Abgrund für Österreich, in: Der Standard, 8.7.2016

10 Vgl. Blogeintrag von Rüdiger Dahlke, http://blog.dahlke.at/zum-verhaeltnis-von-politik-und-spiritualitaet-oder-die-ueberschaetzung-der-aussen-gegenueber-der-innenwelt/ 29.12.2016

11 Vgl. Oskar Holzberg: Wer die Liebe sucht ... Orientierungshilfen für Paare, Hamburg 2006

12 Vgl. Ursula Richard: Die drei Pfeiler des Glücks: Achtsamkeit, Freude, Dankbarkeit, München 2010

13 Vgl. Holzberg

14 Andrew Newberg, Robert Waldman: Words Can Change Your Brain, London 2013

15 Vgl. Uwe Böschemeyer: Machen Sie sich bitte frei, Salzburg 2012

16 Ich habe dieser Frage bereits ein Buch gewidmet: Barbara Stöckl: Wofür soll ich dankbar sein?, Salzburg 2012

17 Vgl. David Steindl-Rast, dankbarkeit.org, http://archive. gratefulness.org/brotherdavid/deutsch.htm

18 Erwin Ringel: Die österreichische Seele, Wien 1984

19 Arno Gruen: Verlust des Mitgefühls, München 1997

20 Vgl. Interview mit Claus Lamm, Science Talk, 18.12.2013, ORF 3

21 Vgl. Arno Gruen: Dem Leben entfremdet. Warum wir wieder lernen müssen zu fühlen, Stuttgart 2014

22 Vgl. Gruen: Verlust des Mitgefühls

23 Konstantin Wecker, Hinter den Schlagzeilen, http:// hinter-den-schlagzeilen.de/2015/07/28/konstantin-wecker-warum-ich-einen-nazi-umarmte/ 29.12.2016

24 Silbermond, Irgendwas bleibt, zitiert nach http://www. songtexte.com/songtext/silbermond/irgendwas-bleibt-6bf55a3e.html 29.12.2016

25 Jugendstudie 2016, Integral & T-Factory, www.tfactory. com 29.12.2016

26 Urban Explorer Max Ross, 20 Jahre, in: The Red Bulletin, Nr. 8/2016

27 Matt Haig: Ziemlich gute Gründe, am Leben zu bleiben, München 2015

28 Heinrich Wefing: Kinder: Euch sollte es doch mal besser gehen, in: DIE ZEIT Nr. 28/2016

29 Vgl. Lisa Herzog: »Es geht ein Riss durch Europa«, Vortrag, Alpbach 2016

30 Vgl. Frankl-Kongress: »Wir stecken in einer seelisch-geistigen Armutskrise«, Interview mit Prof. Batthyány, in: Kurier, 22.9.2016,

31 Ildikó von Kürthy: Neuland, Reinbek 2016

32 Elke Heidenreich: Best of also …, Leipzig 1999

33 Bronnie Ware: Die fünf Dinge, die Sterbende am meisten
bereuen, München 2012

34 Vgl. Gabi Kuhn: Wenn die Helden unserer Kindheit und
Jugend sterben, in: Kurier, 3.7.2016

35 Steve Jobs' Rede vor Studenten der Stanford University
vom 12. Juni 2005, https://www.youtube.com/watch?v=
DpMwWaxoI4Y 29.12.2016